の案内人たち

新しいアイデアや発見につながるワークショップの世界を楽しみましょう！

広江 朋紀（ひろえ・とものり）

（株）リンクイベントプロデュース
組織開発コンサルタント／ファシリテー〜

- CRR Global 認定
  組織と関係性の〜
- 米国CTI認定
  プロフェッショ〜

JN067905

産業能率大学大学院卒（城戸研究室／組織行動論専攻／ MBA）。出版社勤務を経て、2002 年に（株）リンクアンドモチベーション入社。HR 領域のエキスパートとして、採用、育成、キャリア支援、風土改革に約 20 年従事し、講師・ファシリテーターとして、上場企業を中心に 1 万 5000 時間を超える研修やワークショップの登壇実績を持つ。参加者が本気になる場づくりは、マジックと呼ばれるほど定評があり、「場が変わり、人がいきいき動き出す瞬間」がたまらなく好き。育休 2 回、3 児の父の顔も持つ。

児浦 良裕（こうら・よしひろ）

聖学院中学校・高等学校
広報部長／21教育企画部長／国際教育部長
学校法人聖学院　教育デザイン開発センター
副センター長
21世紀型教育機構 教育研究センター 主任

- レゴ ® シリアスプレイ ® メソッド・教材活用
  トレーニング修了認定ファシリテーター
- 2030 SDGs 公認ファシリテーター

東京理科大学理学部第一部数学科卒業。（株）ベネッセコーポレーションで 16 年、営業、商品開発、マネジメント職に従事し、中高教諭に転職して 8 年目。担当教科は数学・情報。学校のマーケティングや、新しいグローバル教育、STEAM 教育をプロデュースしている。教育モットーは「井の中の賜物、大海に出る」で、社会と生徒とをつなぐ教育を大切にしている。2016 年 9 月、フジテレビ「ユアタイム」で授業を取材され、全国に放映。また、レゴを使った思考力入試が各種メディア等で取り上げられている。現在、家庭科免許を取得中。

GUIDES

目　次

Part 1　アイスブレイク編

Part 2　組織編

Part 3　アイデア・課題編

Part 4　リフレクション編

Part 5　Q & A

ワークショップ探検部ミーティング

オンラインの場づくり

＜グラウンドルール編＞

　オンラインの会議やワークショップ（以下、WS）などで対話する際には、オフィスや教室などリアルの場とは異なる点がいくつかあります。最初にそのルールの違いを参加者間で共有しておくことによって、みなさんが安心安全な気持ちで発言できる場づくりができます。ワークショップ探検部の案内人たちは、例えば次のようなグラウンドルールを設けていますので、参考にしてください。

- うなずき、リアクションはオフラインの3倍。
- 反応ボタンで、拍手や賛同、リスペクトをどんどん表明。
- 質問や気づきなど、カットインは大歓迎！
- システムトラブルはつきもの。寛容な心で対応を。
- 子ども、ペット、宅配便……急なハプニングもご愛嬌。
- 飲み物持ち込みOK！
- カメラは基本的にオン、マイクは発表者以外はオフ（ミュート）に。

に取り組む前に

＜機能編＞

　本書で紹介するWSは便宜上、オンライン会議システム「Zoom」の利用を想定しています。スムーズに読み進めていただくために、ここでは本書に出てくる主な「Zoom」の機能を簡単にご説明します。もちろん、ほかのオンライン会議システムやライブ動画サービスでもWSは実施できます。なお、機能は日々更新されるため、最新情報はZoomのウェブサイトをご参照ください。

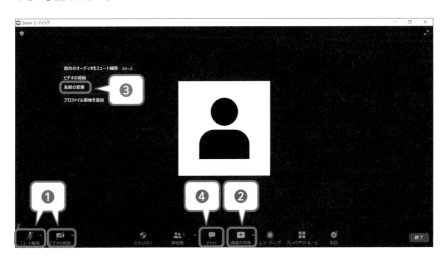

❶ カメラとマイクのオン／オフ

左下の［ビデオの開始］をクリックすると、自分のカメラがオンになります。また、［ミュート解除］を選ぶと、マイクがオンになります。同じボタンで、オンオフの切り替えが可能です。自分がホスト（設定を決める権限のある人）の場合は、参加者のマイクをオフにしたりミュート解除のリクエストをしたりできるので、操作がわからない人がいたらサポートできます。

❷ 画面共有

画面を共有する場合は、中央下の「画面の共有」をクリックし、共有したい画面を選びます。ブレイクアウトセッション中に参加者に画面共有してもらうには、ホストがメインルームにいるなら［セキュリティ］ボタンから［参加者に次を許可］のうち［画面の共有］を選びます。ホストがブレイクアウトルームに入っているならば、［画面の共有］ボタンから［高度な共有オプション］を選ぶと、全参加者に共有を許可できます。

❸ 名前の変更

自分の名前を何と表示するか、その都度変えることができます。自分の画像の上にカーソル
を合わせ、右クリックしてプルダウンメニューから［名前の変更］を選びます。

❹ チャット機能

画面下の［チャット］をクリックすると、ウィンドウ右側にチャットが表示されます。
［送信先］を［全員］にすると参加者全員にメッセージが送られます。［送信先］を特定の
人にすると、本人と自分だけの間で送受信することができます。
大人数の場合は、チャットの内容をすぐ判別できるように、冒頭に「■質問」「■依頼」な
どとつけて書き込んでもらうとわかりやすいです。

❺ コメント機能

画面共有されている状態で、画面上の［オプションを表示］をクリックし、［コメントを付
ける］を選びます。［テキスト］［絵を描く］などから自由に書き込めます。

さまざまなコメント機能が表示される

❻ ブレイクアウトルームとヘルプ機能

参加者を数人ずつのグループに分ける機能を「ブレイクアウト」といいます。ホストは、事前に参加者をどのようにグループ分けするか設定しておいたり、その場でランダムに振り分けたりできます。

ホストは、事前に設定でブレイクアウトルームを［有効］にしておく必要があります。

ホストは、各ブレイクアウトルームを回って参加することができますが、参加者は自分のいるグループの中しか見ることができません。ですから、もし参加者に困ったことがあれば、［ヘルプを求める］をクリックしてもらいましょう。

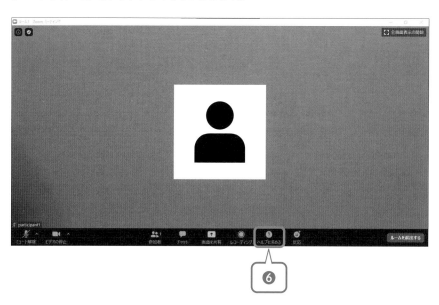

本書の使い方

　本書では、誰でもいますぐワークショップを実践できるように、各プログラムについて、あらかじめ準備しておきたいものから具体的な手順まで、詳しく解説しています。また、アレンジする方法も載せているので、目的に合わせて活用してください。なお、本書ではワークショップを「WS」と表記しています。

WS の通し番号です。本文中は、WS02 と記載しています。

体のアイコンは体を使う WS、頭のアイコンは頭を使う WS を表しています。

Part1　アイスブレイク編　**Sweet & Sour**

02 甘酸っぱい感情を仲間とシェアする

- ☑ 新人研修　　☑ 管理職研修
- ☑ 異業種交流　☑ 多様性研修
- ☑ チームビルディング　☐ 1on1
- ☑ 人材育成　　☐ SDGs
- ☐ 学校　☑ 地域

15分

案内人
広江 朋紀

こんなときに役立つ
- すでにお互いを知っているが、よりよい関係をつくりたいとき
- これから新しいチームで活動を始めるとき

推奨人数　4 人程度（多い場合はブレイクアウトルームで分ける）

必要なもの　特になし

この WS が使える場面や用途を示しています。

目安としての所要時間を示しています。

Part

1

アイス
ブレイク編

オンラインに慣れてきたとはいえ、
まだまだぬぐえない、ぎこちなさ……。
まずは、しっかり場を温めて、
ちょっと頭を刺激するアイスブレイクを。

いたずら書きウォール

01 オンラインは遊び心から始める

☑ 新人研修　☐ 管理職研修
☑ 異業種交流　☑ 多様性研修
☑ チームビルディング　☐ 1on1
☐ 人材育成　☐ SDGs
☑ 学校　☑ 地域

10分

案内人
広江 朋紀

こんなときに役立つ

● 早めにログインしたときのスタートまでの待ち時間
● 新入社員や新しいチームなど、まだ打ち解けていないメンバーとのWSのとき

推奨人数	何人でも OK
必要なもの	特になし

WORKSHOP

1 「本日はご参加いただきありがとうございます。開始までまだお時間がありますので、Zoom の機能を使って、少しいたずら書きをしてみましょう」

ファシリテーターは開始時間の15分前くらいから Zoom の部屋を開けておくようにする。10分前くらいから参加者が少しずつ入り始める場合が多いので、数人入ったら声をかける。

2 「画面の右下の［コメントを付ける］というボタンを押してください。［テキスト］［絵を描く］［スタンプを］などを使って、自由に書き込んでみてください」

ファシリテーターが事前に用意した次のようなページを画面共有しておく。そのうえで、機能の説明をしながら、実際にスタンプを押したり、テキストを打ち込んだりとデモンストレーションしてみせると理解してもらいやすい。

また、真っ白なページを用意するよりも、参加者の遊び心をくすぐるような写真やイラストを片隅に入れておくといい。

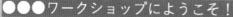

●●●ワークショップにようこそ！

開始時間まで「いたずら書き」をしてお待ち下さい

カーソルを画面上部に移動、バー「コメントを付ける」
「テキスト」「絵を描く」「スタンプ」で自由にどうぞ！

CLOSING ③

「みなさんのクリエイティビティが活かされたおもしろいコラボレーションになりましたね。それでは、そろそろ始めたいと思いますので、これで落書きを閉じますね」

描き込まれた落書きに一言コメントして、開始予定時刻になったらスタートをうながす。

このWSのねらい

「早い人は10分前くらいからログインし始めますが、オンラインでは隣の人に声をかけたりすることもできず、待っている間には少し気まずい雰囲気が流れます。それを解消し、楽しく前向きにWSに取り組んでもらうためにも、遊び心のある時間を過ごしてもらいましょう。組織変革など堅めの研修にはあまり向いていませんが、相互理解や異業種交流など新たなチームづくりの場では緊張がほぐれていいですね」

アレンジ！

● これを機に、WS中もほかの人の意見や発表に対して「反応」ボタンを使って、リアクションしてくれるよううながしましょう。発表者以外が声を出しにくいオンラインWSだからこそ、参加者はスタンプなどを使って賛同や励ましを伝えられることを最初に説明しておくと、その後の場が盛り上がります。休憩中も雑談とセットですすめてみてもいいでしょう。

身につくスキル

● 協調性　● 積極性　● コミュニケーション力

Part 1　アイスブレイク編　**Sweet & Sour**

02

甘酸っぱい感情を仲間とシェアする

☑ 新人研修	☑ 管理職研修
☑ 異業種交流	☑ 多様性研修
☑ チームビルディング	☐ 1on1
☑ 人材育成	☐ SDGs
☐ 学校	☑ 地域

15分

案内人
広江 朋紀

こんなときに役立つ

● すでにお互いを知っているが、よりよい関係をつくりたいとき
● これから新しいチームで活動を始めるとき

推奨人数　4 人程度（多い場合はブレイクアウトルームで分ける）

必要なもの　特になし

WORKSHOP

(1)　「みなさん、最近自分の感情が動いたできごとを少し思い出してください。それぞれの近況をシェアし合いましょう」

参加者に自分の話をしてもらうことを説明する。

(2)　「これから話していただくテーマは、Sweet & Sourです。Sweetは最近ちょっとうれしかった甘い体験、Sourはちょっとやらかしてしまったというようなやや酸っぱい体験です。例えば、Sweetは『料理を作ったら娘に褒められてうれしかった』とか、Sourは『買ったばかりのお気に入りの自転車に傷がついてしまって悲しかった』というようなことでもいいですね。では、まずは私からお話ししてみますね」

Sweet と Sour がどういった内容を示すのか、例を挙げながら説明をする。参加者の層がわかっていれば、できるだけ関連のありそうな例を挙げる。例を説明したら、参加者に始めてもらう前に、ファシリテーター自身の Sweet & Sour なストーリーを共有することで、参加者の心理的ハードルを下げる。

③ 「それでは、順番にお話を共有していただけますか。では、あいうえお順でスタートしてみましょう。簡単に1人1〜2分でかまいません。それではどうぞ」

1人一言程度でかまわないので、ストーリーを共有してもらう。このとき、発言する順番をファシリテーターのほうで指示するとスムーズにいく。順番は、役職や年齢などで上下関係をつくらないためにも、あいうえお順やじゃんけんなどランダムなものを指定するようにする。

人数が多い場合にはブレイクアウトルームを使い、4人程度のグループに分けて行ってもらう。

④ CLOSING
「いかがでしたか？　それぞれのストーリーをうかがって、その人の知らなかった一面が見えたかもしれませんね。話している人は、聞いている人たちのうなずきや反応があったこともうれしかったと思いますので、ぜひこのように引き続きオンライン上でもうなずきやスタンプなどリアクションをしながら参加してください」

このWSのねらい

「最近よかったこと、新しい発見を話す Good & New はアイスブレイクでよく使われますが、それだと内面的な話が出てこないこともあります。Sweet & Sour では、自分の感情が動いた話をしてもらうことで、いつもの肩書きや役割などを外したその人の内面が見えてきます。また、そうした内面に関わる話を周囲に聞いてもらえることで、受け入れられているという安心感が得られます。仕事だけでなく、人にフォーカスを当てて関係性を深めていくことができます」

アレンジ！

●ほかにも「最近心が躍ったこと」「少し悲しくなったこと」など、心が動かされたちょっとした体験を話してもらうのもいいでしょう。あまり重い話ではなく、身近なことを気軽に話してもらえるテーマを設定しましょう。

身につくスキル

● コミュニケーション　● 信頼関係　● 共感力

サイコロトーク

03

トークネタも
運だめしで
楽しもう

☑ 新人研修　　☑ 管理職研修
☑ 異業種交流　☑ 多様性研修
☑ チームビルディング　☐ 1on1
☑ 人材育成　　☑ SDGs
☑ 学校　　☑ 地域

⏱ 15分

案内人
広江 朋紀

こんなときに役立つ

● すでにお互いを知っているが、よりよい関係をつくりたいとき
● 対話系の WS を始める前

推奨人数	4 〜 6 人程度（多い場合はブレイクアウトルームで分ける）
必要なもの	サイコロメーカー （https://stopwatchtimer.yokochou.com/saikoro-maker.html）

WORKSHOP

①　「今日はみなさんにサイコロを振っていただき、<u>出目ごとに設定されたお題でトークをしていただきます</u>。お題はこちらです」

先に 1 〜 6 の番号ごとにテーマを決めておき、画面共有する。次の図の例のように、できるだけすぐに話しやすいテーマを設定し、参加者に合わせて内容はアレンジする。

⚀	いまの気持ちを一言で！
⚁	『ワークショップのアイデア帳』を読んで(たら)の感想を一言！
⚂	ステイホームで得したこと！
⚃	私のとっておきのテレワークグッズはこれ！
⚄	コロナが落ち着いたら一番行きたい場所は！
⚅	フリートークで、すべらない話(笑)

② 「サイコロを振ることができるサイト『**サイコロメーカー**』のリンクをいまから みなさんにチャットで送りますので、ちょっと試してみてください」

チャットを使って参加者に「サイコロメーカー」のリンクを送る。その場で何度か試してもらい、できない人や問題のある人がいれば対応する。

③ 「それでは順番にサイコロを振って、話をしてもらいます。画面共有の仕方はわかりますか？　1人ずつ画面共有して、サイコロを振って話してください」

4〜6人より大人数の場合は、ブレイクアウトルームに分かれる。画面共有をしない場合には、それぞれのPCやスマホのブラウザでサイコロを振ってもらい、参加者に出た目を自己申告してもらう形式でもいい。

④ 「では、今日以降で最初に誕生日が来る人からスタートしましょう。全部で10分程度お時間を差し上げます。1周して時間が余ったら、2周目に入ってもいいので、ストップをお知らせするまで続けてください。どうぞ」

誕生日が最初の人から、携帯電話番号の下1桁の数が小さい人から、など年功序列にならない順番を指定する。互いに話し合って順番が決まったのを確認し、スタートする。

CLOSING
⑤ 「ストップです。いかがでしたか？　何の目が出るかドキドキしますよね。同じグループの人の意外な側面が見えたり、おもしろい話が聞けたりしたでしょうか。お互いを知ることで、相互理解が深まりますね」

このWSのねらい

「サイコロによって**偶発的にテーマが決まってしまうドキドキ感**を得られたり、サイコロを振ることでオンラインでも**体を使っているように感じ**たり、自分が話し手となる"**主役感**"を抱いたり、さまざまな感覚を1人ひとりに味わってもらうことができます。さらに、仕事とは関係のない話をすることで、その人が大事にしている価値観を知り、相互理解を深められます」

アレンジ！

● 出目の中に1つくらいは「私の秘密」「変顔でドン！（画面に向かい、思いきり変顔をする）」などあえて避けたいものを入れておくと、さらにエキサイトするでしょう。そのときの参加者の層に合わせて出目のテーマを考えるといいですね。

身につくスキル

● **コミュニケーション力**　● **共感力**　● **チームワーク**

オンライン借り物競争

04

自慢のものを
見つけて
シェア

☑ 新人研修　　☐ 管理職研修
☑ 異業種交流　☑ 多様性研修
☑ チームビルディング　☐ 1on1
☐ 人材育成　　☐ SDGs
☑ 学校　　　　☐ 地域

5分

案内人
東 嗣了

こんなときに役立つ

● 初対面同士のときやもっとお互いのことをよく知りたいとき
● ずっと座ってばかりでなく動いて場面を変えたいとき

推奨人数	4 〜 10 人（多い場合はブレイクアウトルームで分ける）
必要なもの	特になし

WORKSHOP

①　「今日は、普段はなかなかできない自慢大会をしていただきます。これからそれ
ぞれの環境で手に入るもので、自慢できるものを 1 つ持ってきてください。土
産、洋服、賞状など、何でもかまいません。オフィスなど自宅以外から参加し
ている方は、見える景色の写真や身につけているものでも OK です。それでは、
3 分間で探してきてください。ヨーイドン！」

自宅やオフィスなど、それぞれのいる場所から自分に関わるものを探してもらう。悩ん
でいる人がいるようならば、文具やスマホの写真など何でもよいと伝える。探している
間、音楽などをかけてもいい。戻ってきたら、指示があるまでは画面上に持ってきたも
のを見せないように伝える。

②　「みなさん持ってこられましたか？　それでは、一斉に『せーの』で画面に見せ
てください。せーの！」

各自が持ってきたものを一旦画面上で一斉に見せてもらう。さまざまな個性的なものが
画面で一度に見えるので、それだけでも盛り上がる。興味深いものがあれば、ファシリ
テーターが少しコメントをしてもいい。

③「それでは、お1人ずつ順番に、持ってきたものの説明や、なぜそれが自慢なのかなど、ほかの方々にお話ししてください。ひと通り話が終わったら、残りの方はそれについて質問をしてみてくださいね。では、思いついた方からどうぞ」

人数が多い場合には、4〜6人程度のブレイクアウトルームに分ける。各自が持ってきたものと、それにまつわる自分のストーリーを簡単に共有してもらう。1人につき1、2分程度で、一言ずつでいい。1人終わったら、その人のストーリーについて残りの人が質問し、話し手に答えてもらう。1人終わったら質問タイム、という流れを順番に繰り返す。

CLOSING
④「ありがとうございました。これまでお互いに知っていた側面とは違う、新たな姿やストーリーが見えましたね。お互いのことをもっと知って、これからのワークにも取り組んでいきましょう」

自慢のものから、それぞれが大切にしている価値観が見えてくることがある。ファシリテーターは自慢のものや事柄よりも、それを語っている本人の表情、声のトーン、熱量に意識を向けるようにする。その様子を言葉で伝えることで、本人や周囲にとっても何かの気づきになるし、仕事の役割を超えた人柄や価値観を知るきっかけになるかもしれない。

〜〜〜〜〜〜〜〜〜〜〜〜〜〜〜〜〜〜〜〜〜〜〜〜〜〜〜〜〜

このWSの
ねらい

「普段の仕事上のオンライン会議では、集まった目的以外の話がなかなかしづらい環境です。もっと互いの新たな側面を知るとともに、画面の前で座ったままではなく、あえてリアルなものを持ってくるというフィジカルな活動を取り入れることで、一緒にものごとを楽しんだという実感を全身で疑似共有できます。オンラインとリアルをつなげる体験のできるWSで、気持ちも弾みます」

アレンジ！
● ファシリテーターがテーマを与えて、それに合わせて探してきてもらってもいいですね。
● 時間が多めにあるときには、30分間などと時間を決めて、「多様性」「流れ」などその時々のテーマに関連したお題で、外で写真を撮ってきたりしてもらってもおもしろいです。画面の前に座ってばかりではなく、外に出るきっかけにもなりますね。

身につくスキル
● 発想力　● 信頼関係　● コミュニケーション力

共通点探し

05 あなたと私はつながっている

- ✓ 新人研修　　□ 管理職研修
- ✓ 異業種交流　✓ 多様性研修
- ✓ チームビルディング　□ 1on1
- □ 人材育成　　□ SDGs
- ✓ 学校　　✓ 地域

10分

案内人
児浦 良裕

こんなときに役立つ

- 初対面の人が多いとき
- 年齢や性別が多様な集まりのとき

推奨人数	4〜6人（多い場合はブレイクアウトルームで分ける）
必要なもの	Google Jamboard（https://jamboard.google.com/）

WORKSHOP

1　「今日は、**チームのメンバーの共通点を探してもらいます**。誕生月、血液型など何でもいいので、なるべくたくさんの共通点を見つけてください。Google Jamboard（以下、JB）を使うので、まずは試しに、自分が呼ばれたいニックネームを付箋に書いて貼ってみましょう」

ブレイクアウトルームに分かれる場合は、チームの数と同じ枚数のページをJBに用意する。そのうえで、JBの右上にある［共有］ボタンをクリックし、［リンクを取得］を選び、［編集者］を［リンクを知っている全員］に設定しておく。リンクをチャットなどで全員に共有する。それぞれのページにチーム番号などを書いておくとわかりやすい。使い方の練習のために、それぞれニックネームを付箋に書いて貼ってもらう。ほかのお題でもいいので、一度練習しておくといい。使い方のわからなそうな人がいたら、この段階でサポートする。

2　「使い方はわかりましたか？　それでは、チーム内でメンバーの共通点を見つけましょう。付箋1枚に1つずつ共通点を書き込んでください。**一番多く共通点を挙げられたチームが勝ち**です。それでは3分間でやってみましょう。スタート！」

３〜５分の時間を設定して、早速チームごとに取り組んでもらう。自分のチームのJB
のページにそれぞれ書き込むように指示する。ファシリテーターは、ブレイクアウトル
ームを回り、共通点探しに困っているようなら簡単なヒントをあげる。

（3）「終了です！　どうでしたか？　全員で各チームのものを見てみましょう」
ブレイクアウトルームからメインルームに戻し、それぞれのチームが付箋を貼ったJB
のページを画面共有しながら見ていく。各チームの書き込んだページが１つのファイル
になっているので、順番に見せやすいのがJBの便利な点。挙げられている共通点のう
ち、いくつか選んで触れる。

（4）「それでは勝利チームを発表します。○チームです！　△個共通点が見つかりま
した」
各チームの付箋の数を数え、一番多かったチームを勝ちとして、みんなで称える。

CLOSING （5）「どうでしたか？　意外な共通点も見つかったでしょうか」

**このWSの
ねらい**

「共通点のないように見えた初対面同士が打ち解けるチャンスです。
そこに集まった理由がすでに共通点とはいえ、それ以外の部分が見えてく
ることで、より強く"つながり"を感じられるはず。興味、関心、好き
な色、やっていたスポーツ……果ては"人類"という枠で、みんなつなが
っている。そんな再確認もおもしろいですよね。年齢、性別、所属などが
多様な集まりで取り組むと、さらに意外な共通点が見つけられて、お互い
に親近感が湧くでしょう」

アレンジ！

●出た共通点から、チームごとの名前を決めたり、チームロゴを決めたりするとおも
しろいですね。先ほど作ったJBのページに、画像を貼ったりイラストを描いた
りして、10分程度で自分たちのチームイメージをまとめてみましょう。できあが
ったら、チームごとに発表してもらいます。チームビルディングのスタートにい
いですね。

身につくスキル
● コミュニケーション力　● 共感力　● チームビルディング

チームＱ＆Ａ

06

みんなで心を1つに

☑ 新人研修　　☑ 管理職研修
☐ 異業種交流　☐ 多様性研修
☑ チームビルディング　☑ 1on1
☐ 人材育成　　☐ SDGs
☑ 学校　☑ 地域

15分

案内人
松場 俊夫

こんなときに役立つ

● 数日かかる研修の後半でマンネリ化してきたとき
● 1on1導入の研修を上司と部下に行うとき

推奨人数	2～50人
必要なもの	特になし

WORKSHOP

(1) 「これからお題を言いますので、『せーの』で一斉にその答えをチャットに書き込んでください。できるだけみんなと気持ちを合わせてくださいね。一番多い答えを言った人は抜け、それ以外の人は残って続けてもらいます。最後に誰が残るでしょうか?」

人数が2～5人程度の場合は口頭で言ってもらってもいいが、大人数の場合にはチャットを活用する。全員が答えを書き込んだことを確認した後に、「せーの」でエンターキーを押してもらう。最初に1問練習をしてもらうとスムーズ。

(2) 「それでは始めていきましょう。好きなおにぎりの具は?　せーの!」

最初は、できるだけすぐ答えが思い浮かびやすい簡単な質問から始めるといい。お題を出してから、「せーの」と号令をかけるまで少しシンキングタイムがあると、参加者の戸惑いも少ない。

(3) 「○○と答えた方が一番多かったようですね。そう答えた方は、カメラをオフにして見ていてください。それ以外の方は、カメラをオンにしたまま続けましょ

う。では、ジャングルで最初に出合う動物は？　せーの！」

人数が少なくなるまで、同様に質問して回答してもらうことを続ける。ファシリテーターが、誰かのおもしろい答えを共有したり、そのように答えた理由をときどきインタビューしたりしてみてもいい。残り数人になるまで様々な質問を行う。

(4) 「では、最後の質問です。カジノでルーレットの前にいます。賭けるのは『赤』か『黒』か？　せーの！」

最後まで残った人にインタビューし、今の気持ちを聞く。少し質問してみんなの笑いを誘い、雰囲気を和やかにもっていく。

CLOSING
(5) 「みなさんありがとうございました！　お互いのことをわかり合えたと思っていても、実は互いの好みや考え方など、知らないことがたくさんありましたね。答えを合わせるには、お互いのことやほかの人のことを考えなくてはいけませんよね。チームのことを考え、思いやっていきましょう」

このWSのねらい

「このWSに取り組むうえで、考え方は2つあります。相手やみんなに合わせた答えを考えるか、あくまで自分が思ったことを貫くか。それぞれの性格が出てくるでしょう。グループで行うとマジョリティの答えをねらわなければ終わらないので、徐々にお互いのことを考えるようになりますが、ウケをねらって個性を出す人も現れるでしょう。それもグループを盛り上げるきっかけになるので、ありですよね。正解を出すことより、みんなで楽しく参加できる雰囲気をつくりましょう」

アレンジ！

●1on1を導入する前の研修などでも使えます。上司と部下がペアになって、同じ答えを出したら勝ち、答えが合わなかったら負けで、負けたペアが残るようにしていきましょう。紙とペンを用意して、「せーの」で書いたものを画面に見せてもらうと、合っているかわかりやすいですね。世代や役職を越えて、同じ答えを求めるために互いのことを思う機会になります。

身につくスキル
　● 協調力　● 共感力　● コミュニケーション力

スピット・ファイヤー

07

頭を柔軟に
すばやく
切り返そう

- ☑ 新人研修　　☑ 管理職研修
- ☑ 異業種交流　☑ 多様性研修
- ☑ チームビルディング　☐ 1on1
- ☐ 人材育成　　☐ SDGs
- ☑ 学校　☑ 地域

5分

案内人
松場 俊夫

こんなときに役立つ
- 朝早い研修などで、まだ頭が起きていないようなとき
- 長い取り組みで倦怠感が出てきたとき

| 推奨人数 | 2〜3人（多い場合はブレイクアウトルームで分ける） |
| 必要なもの | 特になし |

WORKSHOP

1　「それでは、みなさんの頭の回転を少し速めるWSをしてみましょう。まず、グループの中で、名字があいうえお順で一番早い人が、話し手になります。そして今朝最初に行ったことを1文で言ってみてください。言い終わったら、残りの聞き手役の人は、キーワードとなる単語を1つ、その人に投げかけてください。単語は、話し手の1文とまったく関係ないものにします。
例えば、話し手が『朝起きて、顔を洗いました』と言ったら、聞き手が『ライオン』と言ったとします。そうしたら話し手は、その単語を取り入れて物語を話します。例えば『ライオンが襲ってきたので歯は磨けませんでした』という感じです」

順番は、年齢や役職など普段の上下関係と同じようにならないように、あいうえお順などランダムなものにする。1人が話し手、残りが聞き手となる。人数が多い場合には、説明が終わってから、2〜3人ずつブレイクアウトルームに分ける。

2　「5回ほど同様に単語を投げては、その単語を取り入れて物語を続けてください。そろそろおしまいかなと思ったところで聞き手が『エンディング』と言っ

てください。そうしたら、話し手は物語を終わらせてください。オチをつける
必要はありません。それでは 2 分ほどやってみましょう」

できれば、実際に誰かを指名してファシリテーターと一緒に試しに例を見せるといい。
参加者が理解できたようであれば、実際にやってみる。ファシリテーターが、スタート
とストップのタイムキープをアナウンスする。

(3) 「いかがでしたか？　今度は話し手と聞き手を交代してください。同じようにや
ってみましょう」

話し手と聞き手を交代し、同様に行ってもらう。ファシリテーターはタイムキープをす
る。3 人いれば、全員に話し手の番が回るまで交代して行うか、運営側から 1 人入って
組む。

CLOSING
(4) 「無事に文章はできましたか？　だいぶ頭が冴えてきたでしょうか？　仕事で
は、時おり予期せぬ依頼や要望が飛んでくることがありますが、機知に富んだ
答えをどんどん返していけるようにしましょう」

このWSの
ねらい

「少しマンネリ感のあるときや頭をシャキッとさせたいときに、頭を
動かすことができて、みんなの笑いも起こる楽しい WS です。『会話は
キャッチボール』と言いますが、時には思いもよらぬ変化球が飛んでくる
ものです。そんなときにも、パッと機転を利かせる練習にピッタリ。発想
力や瞬発力のトレーニングにもなりますし、営業の切り返しトークを培う
こともできますね」

アレンジ!

● そのときに行っている研修や学びについてのテーマを設定してもいいでしょう。
例えば、「SDGs（持続可能な開発目標）について思っていること」「いまの仕事の
改善したいところ」というテーマで最初の文章を始めて広げていくと、意外な発
想が生まれるかもしれません。

身につくスキル
　● 発想力　● コミュニケーション力　● 傾聴力

オンラインの場づくり、ここにご注意を！

　オンラインで場づくりをするにあたっては、対面で WS や研修を実施するとき以上に、事前準備と当日のファシリテーション力が求められると改めて実感しています。特に事前準備の良し悪しが、当日の場のクオリティに大きく影響します。ポイントを絞ってご紹介したいと思います。

コツその① 綿密なタイムラインの作成（事前準備）

　オンラインで WS や研修を進めていくうえで、もっとも大きなチャレンジは**タイムマネジメント**です。

　対面の場合は、1 日や 2 日間という枠の中で内容をデザインしていけるので、途中で場の様子や理解度に合わせて、演習の時間や力の入れどころを柔軟に変えやすいです。ただ、オンラインとなると参加者の集中力などを考慮し、3 時間のセッションを 3 回に分けて行うなど、1 回の WS の時間が短くなります。短くて 1 時間、長くて半日といった単位で、時間が制約されることが多いです。

　ワークの途中で日をまたぐような状況が生まれると、場のエネルギーが途切れてしまいます。つい対面 WS のようなスタイルで " 自由演技 " をしてしまうと、あっという間に時間がなくなる傾向にあります。

　したがって、エクセルなどを使って、**綿密なタイムラインを作成しておくことが重要**です。細かいワークの内容、想定時間、ブレイクアウトセッションのグループ数や時間、どんな問いでどんなツールを使用するか。注意点なども含め、オンラインでの場を想像しながらかなり綿密にデザインしていきます。

　もちろん、タイムライン通りにいかないこともありますが、しっかりとプランニングしておくことで、ファシリテーターだけでなく、バックアップする IT サポートの方の混乱も防げます。**同じ景色を見ながら、一緒に場づくりをすることができる**のです。

コツその② オンラインツールの確認（事前準備）

　オンラインWSを実現するうえで、さまざまなプラットフォームを活用していくことが必須となります。Zoom、Microsoft Teams、Cisco Webexなど、所属組織によっても使用できるプラットフォームは大きく異なります。

　ファシリテーターも参加者も、事前にログインすることはもちろんですが、**最新版にアップデートしておくことも大切**です。バージョンによって、メニューボタンの内容が大きく変わることも多く、意外と盲点です。こうしたオンラインプラットフォームは、日々進化しているので常に最新版に更新するのを忘れないでおきましょう。

　さらに、Google Jamboard、Miroをはじめ、オンラインホワイトボードや対話を見える化するツールもたくさんあります。こちらも事前にリンクを参加者に送付して、作成しておいた練習用ページに本人の名前を記入してもらう、落書きしてもらう、などのリクエストをしておきます。そうすると、運営側も参加者の事前ログインの確認ができ、当日のトラブル回避につながります。

コツその③ マスク問題（事前＆当日）

　新型コロナウイルス感染防止のため、マスク着用は私たちの生活の中では当たり前になりました。オンラインのWSにおいても、マスクをつけて参加される方も多いです。

　しかしながら、ただでさえオンラインで相手の様子をとらえにくい中、マスク着用となると、より本人の表情が読み取りにくくなります。誰が話をしているのか、画面上の表情ではわからず、場が混乱することも起こります。さらに、本人が笑っているのか、悩んでいるのか、といった非言語情報がつかめないので、人の感情に関わる場づくりがより困難になります。

　参加者によっては、周囲に人がいてマスクが必要であったり、会社のポリシーで小部屋でもマスクの着用が義務づけられていたりする場合があります。そのため、**マスクなしで参加してもらえるよう、場所の手配などを参加者や事務局と事前に調整する**ことをおすすめします。当然、カメラは常にオン、というルールを事前にお伝えすることも大切です。

コツその④ リアクションの練習（当日開始時）

　WSの初めには、リアクションの練習も必ず実施するようにしています。「いつも

のリアクションを 10 倍にしてください」「大きくうなずいてください」「手で大きく
丸を作ってください」などと一緒に練習しておくことで、オンライン上でも双方向の
場づくりが生まれやすくなります。

コツその⑤ お互いさまの精神（当日の運営）

　オンラインで参加するみなさんには、それぞれ事情があります。自宅から参加して
いる方もいれば、車の中やカフェ、周囲に同僚がいる職場のデスクから参加される方
もいます。

　特に、自宅は極めてパーソナルなスペースです。映り込む相手の家の様子につい目
が向いてしまうかもしれませんが、プライベートな空間に対してはあまり深入りしな
いほうがいいです。また、途中で子どもが泣いてしまったり、ペットの猫が画面を横
切ったり、宅配便のベルが鳴ったりすることもよくあります。

　**それぞれの環境に対してお互い配慮し、リスペクトしながら、何があっても大丈夫
という合意を最初に結んでおく**と、場に対する心理的安全性を担保できます。

コツその⑥ セルフケアの奨励（当日の進行）

　オンラインで長時間にわたって WS に取り組んでいると、誰でもつらくなってき
ます。**時には、運動のアクティビティを入れたり、コーヒーを飲んだり、お菓子を食
べたり、ファシリテーター自らが実践して、セルフケアの大切さをみなさんに伝えて
いく**といいでしょう。

Part

2

組織編

直接顔を合わせないと、
なかなか見えてこない相手の本音。
オンラインでも組織の関係を深められる
アイデアを集めました。

イラストでライフシフト

08

人生を春夏秋冬で描こう

☑ 新人研修　☑ 管理職研修
☐ 異業種交流　☐ 多様性研修
☑ チームビルディング　☑ 1on1
☑ 人材育成　☐ SDGs
☐ 学校　☐ 地域

70分

案内人
松場 俊夫

こんなときに役立つ

● 1on1 のスタートなどで相手のことをよく知りたいとき
● もっとチームの仲を深めたいとき

推奨人数　4〜6人（多い場合はブレイクアウトルームで分ける）

必要なもの　A4 などの紙やホワイトボード、ペン、または PC 上で絵が描けるツールでも可（できるだけ感覚的にすぐ描けるもの）

WORKSHOP

1　「人生 100 年時代と言われるようになりました。100 年あるなら、それをどう送りたいのか、夢やビジョンを絵に描いてみましょう。自分の人生に影響を与えたワンシーンでもかまいません。紙を縦横の線で区切り、4 つの枠を作ってください。そして、左下から時計回りに、春、夏、秋、冬と入れてください。25 年ごとに春夏秋冬にたとえて描いていただきます。0 〜 25 歳は春、26 〜 50 歳は夏、51 〜 75 歳は秋、76 〜 100 歳は冬です。絵は、上手である必要はありません。棒人間でもニコちゃんマークでもかまいませんから、思ったことを感覚的に描いてくださいね。では 10 分でお願いします」

事前に、紙やホワイトボードなど描けるものをそれぞれ用意しておいてもらう。絵を描けるソフトなどを使ってもいいが、感覚的にパッと思いついたものを描けることが大事なので、操作に戸惑うようなものは NG。紙なら、自分が描いたものを画面で見せやすい。10 分間感覚的に描いてもらう。ファシリテーターはタイムキープする。

2　「はい、絵を描くのをストップしてください。それでは、順番にこの絵について簡単に説明してもらいます。1 つの季節の説明が終わったら、ほかの方は質問を

したり、感想を伝えたりしてくださいね。同様に、4つの季節について順番に説明とQ&Aを行い、終わったら次の人に交代してください。はい、どうぞ」

1人10〜15分程度で回るようにする。1人目が春について説明したら、残りの人が質問や感想を伝え、次に夏について説明して質問と感想をもらう、というように1つの季節ずつ進めていってもらう。質問は1つでも出れば次に進めていい。

ライフシフトのイラストの例

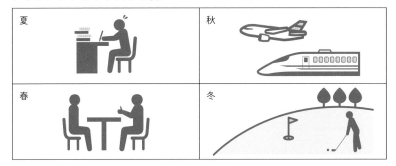

3

「いかがでしたか？　質問されたことで、思いもよらない新たな気づきが得られたのではないでしょうか。お互いの過去を知ることでもっとよく理解し合えるし、将来のプランも知ることで一緒に今後のビジョンを描くことができますね」

このWSの
ねらい

「普段、仕事上の付き合いだけではなかなか知ることのできない相手の過去や将来について共有してもらうことで、その人の大事にしている価値観や興味、関心がより伝わってきて、お互いを深く知ることができます。また、ビジネスパーソンは論理的に考える左脳を使うことが多いですが、人生を春夏秋冬にたとえ、感覚を駆使して絵を描くことで右脳を刺激することになり、新たな発想に出会えるかもしれません」

アレンジ！

● 「旅行に行ったときの思い出のシーン」「好きな本」などをテーマにして4コママンガを描いてもらい、ストーリーを紹介し合ってもいいですね。4コマ描くことで、ただ旅行や本そのものを紹介するだけにとどまらず、その人の思いや経験など、パーソナルヒストリーが浮かび上がってくるはずです。

身につくスキル

● コミュニケーション力　● 共感力　● 質問力

ダンスワーク

09 ともに つくり出す 関係を

- ☐ 新人研修　　✓ 管理職研修
- ✓ 異業種交流　✓ 多様性研修
- ✓ チームビルディング　✓ 1on1
- ✓ 人材育成　　☐ SDGs
- ☐ 学校　　　☐ 地域

⏱ 10分

案内人
広江 朋紀

こんなときに役立つ

● 1on1 を導入する前の研修
● リーダーシップとフォロワーシップについて考えたいとき

推奨人数	偶数人数（多い場合はブレイクアウトルームで 2 人 1 組に）
必要なもの	特になし

WORKSHOP

①　「1on1 では本当の意味で 1 対 1 の関係を構築すること、つまり互いに 100％と 100％の相互性のある関係をつくることが重要です。ところが実際は、リーダーが 100％でチームメンバーが 30％といったように、目に見えない力関係があったりします。しかし、互いに 100％の関係の中で相互にコミットをして、信頼関係を築き、エンゲージメントを高めていくのが 1on1 では大事です」

1 対 1 の関係性を築く重要性について説明しておき、参加者に納得感を持ってもらう。

②　「では、100％と 100％とはどんな関係か、100％と 0％とはどんな関係か、体感してもらうダンスワークがあるのでやってみましょう！　これから 2 人 1 組でダンスをしてもらいます。リーダー役を務める人が 100％、フォロワー役は 0％で行います。つまり、リーダーがダンスを主導し、フォロワーは完全に従って真似します。ブレイクアウトルームに分かれる前に、試しにやってみますね。○○さん、一緒にやってみていただけますか？」

まずはファシリテーターと協力者で実際にやってみせる。ダンスといっても上手に踊る必要はなく、両手を動かしたり、横に動いたりと、その場で可能な範囲でかまわない。ファシリテーターがリーダーだとして、やった動きを協力者に真似（フォロー）してもらう。

3 「それでは実際に分かれてやってみましょう！（ブレイクアウトルームに分かれてから）2人でじゃんけんをしてください。勝ったほうがリーダー、負けたほうがフォロワーとしてやってみましょう。では2分間スタート」

2人1組でブレイクアウトルームに分ける。音楽をかけたりしてもいい。

4 「どうでしたか？　次はリーダーとフォロワーを交代します。2分間スタート」

一旦メインルームに戻し、再度ブレイクアウトして、立場を交代してもらう。

5 「終了です。それでは最後に、100％対100％でやってみてください。リーダーを決めず、お互いを見ながら一緒にダンスを作ってください。ではどうぞ」

一旦メインルームに戻し、再度ブレイクアウトする。

6 「終了です。（メインルームに戻してから）いかがでしたか？　ぜひ感想をどうぞ」

何人か指名したり挙手してもらったりして、感想を聞いてみる。

CLOSING
7 「自分がリーダーのときは『ついてきてくれるか不安だった』という意見や、フォロワーのときは『真似するだけなので簡単だった』という意見が出ましたね。しかし、**両方が100％のときは、互いの動きに合わせるのが難しい反面、何が出てくるかわからない楽しさや新たなものをともに生み出す感覚が味わえました**ね。ぜひその関係を1on1でもつくっていってください」

このWSの
ねらい

「上司と部下という関係を崩して、お互いがともに新しいものをつくり出す関係であることを体感してもらうためのWSです。オンラインではなかなか得られない身体感覚が得られます。いつも座って作業をしているので、ダンスの際は立ち上がっても、画面から離れて動いてもかまいません。それぞれ100％出し合うことは難しいですが、新しいものが生まれてきます。また、リーダーとフォロワー両方の役割に挑戦することで、それぞれの難しさも体感しつつ、互いに協力することも学べます」

アレンジ！

● チームワークをテーマに取り組みたいときには、4〜6人程度のチームで行ってもいいですね。リーダーを交代で体験することで、互いの役割の難しさなども理解できるでしょう。

身につくスキル
● 共創力　● コミュニケーション力　● チームワーク

聞くと聴く

10

傾聴を
体感しながら
学ぶ

☐ 新人研修　　☑ 管理職研修
☐ 異業種交流　☑ 多様性研修
☑ チームビルディング　☑ 1on1
☑ 人材育成　☐ SDGs
☑ 学校　　☐ 地域

15分

案内人
広江 朋紀

こんなときに役立つ

● 1on1 を導入する前の研修
● 互いの話を聴く姿勢を醸成したいとき

推奨人数	偶数人数（多い場合はブレイクアウトルームで 2 人 1 組に）
必要なもの	特になし

WORKSHOP

①　「これから『傾聴』の極意を学んでいきましょう。特にオンラインで関係を構築
するうえでは、いきなり『伝える』より、まずは『聴く』ことが重要です。そ
こで今日は、2 人組で『聴く』ことの練習をしていただきます。
普段から部下の話に耳を傾けていて慣れている、という方も多いかもしれませ
ん。しかし、（次のような資料を見せながら）助言をするタイミングが早すぎ
る、自分の体験談を一方的に話してしまう、相手の話を中断させてしまう、説
教してしまう……人の話を聴くときにこれらのことをしていませんか？
とにかく、深く聴くということだけに意識を向ける 3 分間に、これからトライ
してみましょう」
最初に「聴く」ことについて簡単に説明をしておく。

深く聴くことを妨げる落とし穴

こうしたら、
いいんじゃない……
×早すぎる助言

自分にも
同じことが
あってさ……
×自分の話

あっ、それって
こういうこと？
×中断

考えすぎだよ……
×重要性の否定

それは
わがままでしょ……
×説教

2 「それでは2人1組に分かれます。じゃんけんして勝ったほうが聞き手、負けた
ほうが話し手となります。まず話し手が『最近の仕事や日常での困りごと』に
ついて語ってください。深刻な話というより、仕事上や普段の生活でちょっと
困ったことです。1人3分間差し上げます。時間になったらチャットで合図を送
りますが、自分でもタイムキープをしてくださいね。聞き手は、とにかく聴く
ことに意識を置いてください。質問してもいいですが、アドバイスをしたり、
さえぎったりしないようにしましょう。それではどうぞ」

2人組に分かれるように、ブレイクアウトルームを設定する。ファシリテーターは3分
間タイムキープ。このペアをこの後も維持するように設定する。

3 「3分経ちました。（一度メインルームに戻し）みなさんカメラをオフにしてく
ださい。それでは質問しますので、聞き手だった人は答えをチャットに書き込
んでください。①話し手は何色のどんな上着を着ていましたか？　②話し手は
どんな装飾品（メガネ、時計、アクセサリーなど）を身に着けていましたか？」

3分経ったら一度画面をメインルームに戻す。全員カメラオフにしてもらい、相手の服
装などが見えないようにしたうえで、洋服など相手の外見について質問をする。回答を
チャットで書いてもらう。

4 「（チャットの回答を見ながら）みなさん①は書けていますが、②は書けていない人も多いですね（などコメントする）。2人目もやりますので、みなさん相手をよく見ておいてくださいね。それでは、またブレイクアウトルームに分かれ、先ほど聞き手だった方が今度は話し手になり、『仕事や日常の悩みごと』を話してください。1人3分間です。それではスタート」

再び同じペアになるようにブレイクアウトルームに2人1組で分かれてもらう。ファシリテーターはタイムキープする。

5 「3分経ちました。（メインルームに戻し）それでは、みなさん再びカメラをオフにしてください。上着の色や装飾品に意識がいっていたと思いますが、角度を変えた次の質問の答えをチャットに書いてください。①話し手の声のトーンから読み取れたことは何ですか？　②話し手が大切にしていることは何ですか？」

3分経ったら一度画面をメインルームに戻す。全員カメラオフにして、今度は先ほどと異なり、話し手の内面について質問をする。「悩みごとの話なのにどこか喜んでいる、希望を見ている感じがする」「言語化していないけど、こんな思いを大切にしているということが伝わってきた」など、読み取れたことについてチャットで書いてもらう。

小ネタ **宮本武蔵の教えから、傾聴スキルを学ぶ**

ものごとを広く見渡す、その一方で近いところも見る、それが兵法の心得だと説いていた宮本武蔵。観点を変えつつ「聴く」ことが重要。

宮本武蔵の教え　観見二眼

目の付けやうは
大きに広く付くる目也

観見二つの事

観の目強く
見の目弱く

遠き所を近く見
近き所を遠く見る事

兵法の専也

敵の太刀を知り
敵の太刀を見ずと云事

兵法の専也

（宮本武蔵『五輪書』水の巻より）

---

6 「（チャットの回答を見ながら）『～～』や『～～～』といった相手の感情や価値観に触れるようなコメントも出ていますね。ありがとうございました。後で、お2人で答え合わせをしてみてくださいね。『きく』という行為には、『聞く』と『聴く』の2つがあります。大切にしたいのは、目と耳と心を使う『聴く』のほうです。1回目で質問した服装や装飾品は、目に見えるもの。一方、2回目で質問したのは、目に見えない非言語の部分で読み取れたもの。オンラインだと、『相手が言っていること』そのものに注目してしまいがちです。そうした中、根底にある思いや大事にしていること、感情などを感じ取り、相手とのつながりを持ちつつ、目と心を使いながら聴くということが大事なのです」

実際に体験をしてもらった後で、聴くことの大事さなどを説明していく。

CLOSING
7 「ぜひこうした傾聴スキルを体得し、今後の仕事や日常の中でも取り入れていってください」

このWSのねらい

「オンラインでは1つの画面を凝視しているせいもあり、相手の言葉やタスクばかりに気がいってしまい、その人全体やその人のあり方に焦点がいかなくなってしまいがちです。英語では『ソフトフォーカス』という言葉があります。写真や映画を撮る際にあえてピントをぼかして柔らかな全体像を見せることですが、『聴く』際はその意識を取り入れる必要があるでしょう。1点を見つめつつも全体を見つめることが求められます。目と耳と心で傾聴する、アクティブリスニングのスキルを習得できるといいですね」

アレンジ！

● 時間があれば、傾聴について説明をした後に再び2人1組に分かれて、同様に3分ずつ話をしてもらうことをさらに1セット行うといいです。すると、傾聴スキルが上がっていることを実際に体感してもらうことができます。

身につくスキル
● 傾聴力　● コミュニケーション力　● チームワーク

ヒーローインタビュー

11

ターニング
ポイントに
スポットを

☑ 新人研修	☑ 管理職研修
☐ 異業種交流	☐ 多様性研修
☑ チームビルディング	☑ 1on1
☑ 人材育成	☐ SDGs
☐ 学校	☐ 地域

30分

案内人
松場 俊夫

こんなときに役立つ
- 1on1 の練習をしたいとき
- 新しいメンバーと信頼関係を深めたいとき

推奨人数　2 人（多い場合はブレイクアウトルームで 2 人 1 組に）

必要なもの　特になし

WORKSHOP

①「これから、**自分が一番がんばった仕事**について語っていただきます。それによって上司や顧客に認められたかどうか、評価がよかったかどうかなどは関係ありません。また、結果的に失敗となってしまったことでもかまいませんが、自分にとってターニングポイントになったことや、大きく成長できたことを 1 つ語っていただきます。何について話すか、少し考えてみてください」

1on1 の場合には、部下のほうが話し手、上司が聞き手になる。突然話すのは難しいので、少しシンキングタイムをつくる。

②「聞き手の方は、次の 2 つについて気を留めながら、相手に質問してください。1 つ目は、質問の仕方です。質問には、**オープン・クエスチョンとクローズド・クエスチョン**がありますが、できるだけオープン・クエスチョンで聞いてください。2 つ目は、傾聴の姿勢を大事にすることです。質問に対してすぐに答えが出なくても、**相手が考えている間の沈黙も受け入れて、待ってあげてください。**考えることで、自分でも知らなかった思いを認識したり気づきを得たりできます。

仕事では普段、『どこで、何を』など5W1Hで情報収集的なことを質問するのがメインです。しかし、今日はそれだけではなく、相手の話を心で聴いてみてください。**相手の価値観や気持ち、思いを引き出せるような質問や傾聴を心がけてみましょう」**

実際に始める前に、聞き手側の注意点を共有しておく。長めに時間がとれれば、このWSの前に傾聴についてのレクチャーを行っておくとよい。

質問の2つのポイント

1. オープン・クエスチョンで質問する。

オープン・クエスチョン (Open Question) ……相手が自由に答えられるような質問。ここでは、感情や価値観にフォーカスを置いた質問がベター。	例：感情について聞く 　「そのとき、何が一番つらかったですか？」 　「どんな気持ちでしたか？」 価値観について聞く 　「そのとき、どんなことを成し遂げたかったのですか？」 　「そのとき、どんなことを大事にされていたのですか？」
クローズド・クエスチョン (Closed Question) ……YES／NOで答えられるような質問。	例：「そのときうれしかったですか？」 　「達成できてよかったですか？」

2. 傾聴する。

5W1Hで事実関係や事柄だけを聞こうとするのではなく、その人の感情や価値観、思いに触れるようなことを質問し、そして答えを全身で受け止める。相手がすぐに答えられなくても、決めつけて口を挟んでしまうことなく、沈黙を受け入れて答えを待つ。空白効果[※1]や、オートクライン効果[※2]によって、自分が新たな答えを見つけられることもある。

※1　空白効果：わからないことがあると、その空白を埋めたがるという脳の性質のこと。この性質ゆえに、答えづらい難しい質問をされても、その空白を埋めようと考える。それにより、自分でも気づいていなかった考えや思いが出てくることもある。

※2　オートクライン効果：コーチングで使われる言葉で、自分が話した言葉や内容を自分で聞くことによって、自分の考えに改めて気づくこと。対話することによって、自分が何を思っているのかを知り、自分の声やアイデアに気づく。もともとは、分泌された物質が、分泌した細胞自身に作用するという意味の生物学用語から来ている。

3 「それでは、やってみましょう。まずは話し手の人が、過去に自分ががんばった仕事について話してください。聞き手役の方は、まずは傾聴してください」

話し手の人に、まずは自分のストーリーを語ってもらう。

インタビュー例

> 入社2年目のときに、新商品開発のプロジェクトに抜擢されました。まだ経験も浅かったのですが、さまざまな部署の人が集まりこれまでになかった商品を生み出すという機会をもらい、とても刺激的な日々を送りました。半年かけて生み出した商品は、大ヒットとまでは至りませんでしたが、挑戦を続け、成長できた日々でした

> それはいい経験でしたね。それはどんなチームだったのですか?

> これまで一緒に仕事をしたことのないようなテクノロジー担当や営業担当など、異なる部署の人たちが集まった最高のチームでした

> 最高のチームとは、どんなチームなのでしょうか?

> 互いの専門性を活かし、時には意見がぶつかることがあっても、最終的に目的に向けてみんなで協力し合うことができるチームです

> そのようなチームになった要因はなんでしょうか?

> ……(沈黙)

> ……(待つ)

> ……たぶん普段の仕事では、互いに知っているメンバーゆえに妥協してしまうことがあったのだと思います。このときは、互いの分野を知らないからこそ、もっとちゃんと説明したりわかり合おうという姿勢があったことが、よいチームを生んだのだと思います

4 「話し手の話が一段落したら、聞き手役の人は、適宜質問をしてください。時間は10分間です。それでは、どうぞ」

もし質問に困っていそうな人がいれば、ヒントをあげるなどファシリテーターがサポートする。時間が余ったら、感想を共有してもらうとよい。

CLOSING 5 「それではストップしてください。いかがでしたか？　日常の仕事の中ではなかなか相手の気持ちや価値観を聞くことがありません。こうして大事にしている経験などを共有することから、相手の気持ちや価値観が伝わってきたのではないでしょうか」

〜〜〜〜〜〜〜〜〜〜〜〜〜〜〜〜〜〜〜〜〜〜〜〜〜〜〜〜〜〜〜〜

このWSの
ねらい

「自分が大事にしている経験を共有し、それについて質問してもらうことで、わかってもらえたという気持ちを持てます。仕事では、必要な情報は聞きますが、気持ちや価値観まで聞くことはあまりありません。オンラインではとりわけ気持ちを聞いて受け入れることが大事です。上司の評価を気にしている、顧客を心配している、テレワークで孤独を感じているなど、口にしなくても支障をきたしていることが隠れているかもしれません。話の中から、本人が大切にしている価値観が浮かび上がるはずです」

アレンジ!

●1on1では、この後に話し手と聞き手を交代して行ってみてもいいでしょう。1on1というと上司が部下の話を聞く機会ですが、部下も受け身になっていてばかりでは1on1の最大の効果を得ることはできません。上司だからといって話を引き出すのに慣れた人ばかりではありません。交代で行ってみることによって、その難しさがわかり、部下から上司への理解も生まれます。互いに協力することで、1on1の効果が上がっていくはずです。

身につくスキル

● コミュニケーション力　● 傾聴力　● 共感力

Bigger

Part 2　組織編
関係構築

12

経験を
通して
学習する

☑ 新人研修　　☐ 管理職研修
☑ 異業種交流　☑ 多様性研修
☑ チームビルディング　☐ 1on1
☐ 人材育成　　☑ SDGs
☑ 学校　　　　☑ 地域

5分

案内人
松場 俊夫

こんなときに役立つ

- 多様なバックグラウンドのメンバーで何かに取り組むとき
- 初めての集まりなどで場の空気をほぐしたいとき

推奨人数　5〜8人（多い場合はブレイクアウトルームで分ける）

必要なもの　特になし

WORKSHOP

①　「今回のルールは、とてもシンプルです。順番に、前の人よりも大きなものを言っていってください。モノでなくても、人類愛などの概念でもいいですよ。じゃんけんで順番を決めてください。最初は「アリ」からスタートしてみましょう。一番の人から順番で、『アリ、XX（2回拍手）、○○』というリズムで行きます」

グループでじゃんけんをして最初の人を決めてもらう。じゃんけん以外でも、年功序列などにならないランダムな方法で最初の人を決めたい。人数が多すぎる場合は、ブレイクアウトルームに分かれるといい。

②　「2番目の人は、アリより大きいものを言ってくださいね。そこからどんどん続けてください。2周回ったら終了して、振り返りをしてください。では、スタート！」

アリでなくてもいいが、できるだけみんながサイズ感のわかる小さいものをファシリテーターが挙げてスタートし、最初の人にはそれ以上の大きさのものを言ってもらう。あとは、どんどん時計回りに2周回るようにファシリテーターは様子を見て、終わったところから振り返りの話し合いをしてもらう。

3 「どうでしたか、最後は何で終わりましたか？　どんな振り返りをしましたか？」

各チームの最後に出たものと、振り返りで出た意見をそれぞれ発表してもらう。

4 「だんだんサイズが大きくなると難しいですよね。では、これから再びトライしてもらいますが、先ほどと同じものを言ってはいけません。では、振り返りを活かして、2周回るようにもう1度やってみましょう。スタート！」

ファシリテーターは、2周回るように各チームの様子を見る。

CLOSING
5 「終了です。いかがでしたか？　1回目よりスムーズに回ったでしょうか？　上手に2周回るようにするには、大きなものを思いつくだけでなく、どれだけ次の人のことを思ってなるべく大きすぎないものを出せるかということが大事ですよね。いかに相手のことを考えながら、自分の意見も活かしていくのかという練習にもなりますね」

このWSのねらい

「これは経験学習サイクルが体感できるWSです。デービッド・コルブの経験学習サイクルでは、経験→省察→概念化（持論化）→試行→経験というサイクルを繰り返すことで経験値を上げていきます。まずやってみて、改善点が見えたら意見を交換し、再度トライする。すると、改善点を実感して、経験から学ぶことができるのです。また、多様な国籍の集まりだと、普段使っているものの大きさや部屋の広さなどの基準が異なったりして、ところ変われば常識が違うということに気づくきっかけにもなりますね」

アレンジ！
● 「地球」などの大きいものから始めて、どんどん小さいものにしていくのもおもしろいですね。また、一番最初の人が挙げたものと同じような大きさのものをひたすら出していくというのも盛り上がります。

身につくスキル

● コミュニケーション力　● チームワーク　● 内省力

チームでマインドフルネス

13

テレワークで
離れていても
互いにつながる

☑ 新人研修　　☑ 管理職研修
☑ 異業種交流　☐ 多様性研修
☑ チームビルディング　☐ 1on1
☑ 人材育成　　☐ SDGs
☐ 学校　☐ 地域

25分

案内人
広江 朋紀

こんなときに役立つ

● 日常的なセルフケアの機会を持ち、テレワーク下でもストレスを
軽減したいとき
● チームメンバーの相互理解やつながりを感じたいとき

推奨人数　　3 〜 10 人程度

必要なもの　スノードーム

WORKSHOP

①「まず簡単にチェックインしましょう。最近の Good & New（よかったこと・新しい発見）を一言ずつ、お願いします」

いきなり瞑想に入るのではなく、簡単なアイスブレイクでポジティブな雰囲気をつくる。Good & New 以外の本書に掲載されているほかのアイスブレイクでもかまわない。

②「さて、（スノードームを見せながら）これはスノードームです。振ると雪が舞います。これが、いつも私たちの頭の中が陥っている状態を表しています。過去の失敗や未来の気がかりなことを考えて、頭の中が散らかってしまうこと、ありませんか？　これをクリアにするには、どうすればよいでしょうか？」

よく見えるように画面にスノードームを映しながら、参加者に問いかけて誰かに回答してもらう。

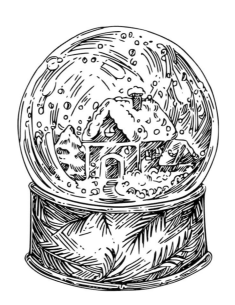

3「（参加者から『揺らさずにそっと置く』など回答が出たら）その通りです。せわしなく、<mark>あれこれ考えるのではなく、そっと立ち止まって、『いま』に意識を向ける</mark>ことで、思考をクリアにし、心も体も落ち着かせていくのです。マインドフルネス瞑想の実践は、ストレス軽減や集中力向上にも役立つと言われています」

なぜこの場で瞑想をするのか、その意図と効用を伝えることで、安心感と参画感を醸成する。

4「では、椅子に座ったまま、軽く目を閉じ、背筋を伸ばします。肩は引いて、肺を大きく膨らませるイメージで、足裏は床にべったりつくように、堂々と座ってください。そして、自分のペースで大きく3回深呼吸します。鼻から吸って、鼻から吐きます。

新鮮な空気が肺に入るのを感じてみてください。『いま』に心を留めるために、呼吸に意識を向けていきます。なぜなら呼吸は、いま、ここで自然に起こっているものだから。

呼吸を感じやすくするため、手を胸とおなかに片方ずつ置いて、自分の呼吸を感じてみてください。雑念が起こってもOKです。<mark>大切なのは、無心を目指すのではなく、雑念が湧いている自分に気づき、それを手放し、また意識的に集中するというプロセスを繰り返すこと</mark>。注意がそれたら、気づいてまた戻すことを繰り返してください。自分の吸う息、吐く息に意識を向けていきます」

ファシリテーターは、ゆっくりと落ち着いた声で説明しながら、参加者をマインドフルネスの世界へと誘っていく。雰囲気をつくっていくことが大事。5〜10分ほど、様子を見ながらタイムキープする。

マインドフルネス瞑想のステップ

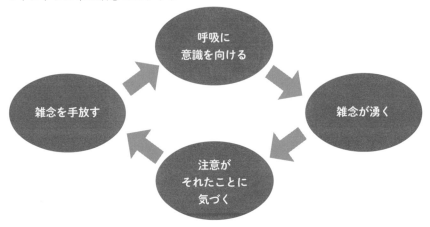

5 「では、鐘の音が鳴ったら自分のペースで戻ってきてください。（鐘やベルを鳴らす）おつかれさまでした」

瞑想では無言で息を数えたりしますが、それを強いるのではなく、自分の呼吸に好奇心を持ってもらえるよう導いていく。落ち着いた音の鐘やベルなどを用意しておくといい。

WS 実施風景

CLOSING

6 「いかがでしたか？　今回の体験の感想を簡単にシェアして、終えましょう」
一言ずつ感想を述べてもらって終える。

このWSの
ねらい

「テレワーク環境ではストレスが溜まったり、同僚との慢性的なコミュニケーション不足が生じたりします。そうした負の影響を解消する機会になるのがこのWSです。オンラインでも、顔を合わせる機会をつくることで、組織の一体感を醸成し、仕事を離れたつながりの場を生むことができます。心理的安全性の高い風土づくりにも、効果が期待できるでしょう」

アレンジ！

●単発のWSではなく、日々のルーティンとして組み込むことも可能。その際は、始業後の朝の時間を使って実施すると、習慣としての毎日のよいリズムづくりにもつながります。

身につくスキル

● 内省力　● マインドフルネス　● 傾聴力

ハートを作ろう

14

オンライン
共同作業で
GPDCA

☑ 新人研修　☐ 管理職研修
☐ 異業種交流　☑ 多様性研修
☑ チームビルディング　☐ 1on1
☑ 人材育成　☐ SDGs
☑ 学校　☐ 地域

15分

案内人
松場 俊夫

こんなときに役立つ

● 子どもを含め、年齢問わずチームワークづくりをするとき
● リーダーとフォロワーの役割について考えたいとき

推奨人数　8〜9人（多い場合はブレイクアウトルームで分ける）

必要なもの　特になし

WORKSHOP

①　「これから Zoom のギャラリービューの画面上に、手や体を使ってチームで1つのハート形を作ってもらいます。Zoom のギャラリービューで見える画面の並び順は人によって違うので、リーダーを決めてその人の画面で完成形をスクリーンショットにとってください。持ち時間は5分。どうぞ！」
できれば一番年下や経験の浅い人がリーダーになるようにうながす。

②　「終了です。（メインルームに画面を戻し）各チームのハートを見てみましょう」
各チームからチャットで画面のスクリーンショットを送ってもらうか、順番に画面共有をしてもらい、メインルームで各チームのハート形を見て、ファシリテーターがコメントする。

③　「では、自分のチームのよかった点と改善点について、チームで話し合ってください」
先ほどと同じメンバーでブレイクアウトルームに分かれる。3分ほどタイムキープ。

④　「では、もう一度挑戦してもらいます。再び5分間差し上げます。スタート！」

ファシリテーターは5分ほどタイムキープ。

5　「終わりです。（メインルームに画面を戻してから）それでは各チームのスクリーンショットをチャットで送ってください。順番に見ていきましょう」

再び全チームのハート形を順番に見ていく。

6　「一番上手にハートを作れたのは○チームでした！　成功要因は何ですか？」

一番よかったチームを決めて発表し、成功要因を全体に共有してもらう。

CLOSING
7　「どのチームも1回目より2回目のほうが上手にハート形ができましたね。そのためにはリーダーの役割も大事ですが、フォロワーとなるほかのメンバーがいかに協力できるかが重要です。失敗しても、よかった点を見直して、できなかった部分を改善し、トライ＆エラーをチームで繰り返すうちにレベルが上がっていきますよね。ぜひこの経験をほかにも活かしてください」

このWSの
ねらい

「ゴール（Goal）を決め、それに向けてPDCAサイクルを回すGPDCAを体験できるWSです。以前はP（計画）が重視されていましたが、VUCAの時代、計画はできるだけ短くし、C（評価）とA（改善）を高速で回していくことが求められています。振り返りの際、すぐ失敗点を反省しがちですが、まず成功要因に注目することで成功体験を積めます。また、このWSではリーダーとフォロワーの役割を体感できるので、互いの立場の難しさも認識できます。子どもでも取り組めて盛り上がるので、学校でもおすすめです」

アレンジ！

●上級者なら、星形を作るのに挑戦してみてはどうでしょうか？　高校生など論理的に考えられるようになってきている年齢層の場合、チャレンジ精神をくすぐるでしょう。

身につくスキル

● コミュニケーション力　● 協調性　● リーダーシップ

Good Work Award

15

よい仕事を している仲間と 称賛し合う

✓ 新人研修　✓ 管理職研修
✓ 異業種交流　✓ 多様性研修
✓ チームビルディング　☐ 1on1
✓ 人材育成　☐ SDGs
☐ 学校　☐ 地域

15分

案内人
広江 朋紀

こんなときに役立つ

● メンバーの承認欲求を満たし、チームのエンゲージメントを高めたいとき
● テレワーク下でもお互いの仕事の進捗や成果について関心を持たせたいとき

推奨人数	10 〜 30 人程度
必要なもの	効果音ラボ（https://soundeffect-lab.info/）、CommentScreen（https://commentscreen.com/）

WORKSHOP

1 「お待たせしました。みなさんが楽しみにしていたこの時間がやってきました！ アワードの目的は、一人ひとりがよい仕事をすること、周囲にも興味を持つこと、そして、それぞれのよい仕事を自身に活かすこと。これを実践するために行うのが Good Work Award です。今月の投票数は、〇〇件。前月比、〇〇件の増加です！」

表彰式の場を参加者に楽しんでもらうため、できるだけファシリテーターが盛り上げて雰囲気をつくっていく。事前に投票サイトのフォームを作っておき、ほかのメンバーがいい仕事をしているなと思ったら、随時投票できるような仕組みを用意しておく。また、できれば毎月アワードを行って、前月の投票数との推移を確認することで、参画感の熟成を図る。

2 「では、ドラムロールです（『効果音ラボ』使用）。今月のグッドワーカーは…… 〇〇さんです！　こんなコメントが寄せられています（いくつか投票コメント

をピックアップして紹介)。おめでとうございます！　よかったら、みなさんも
『CommentScreen』を使ってじゃんじゃん書き込み、盛り上げてください！
〇〇さん、声を聞かせてください」

投票によって決まった受賞者を発表していく。効果音ラボなどのサイトを使うと、さら
に臨場感を出すことができる。CommentScreen やその他のツールを使って、コメント
を書き込んでもらう。本人にもインタビューして、仕事のノウハウやナレッジを共有し
てもらう。

 CLOSING ③ 「受賞したみなさんおめでとうございます！　ぜひまた来月に向けてみんなでが
んばっていきましょう」

~~~~~~

**このWSの
ねらい**

「テレワーク環境では、お互いがどんな仕事をしているのか、どんな
こだわりや工夫をしているのかを知る機会が減っています。ここで受
賞者の仕事のナレッジを全員で分かち合うことで互いの学びになります
し、表彰の場で選ばれることで承認欲求を満たし、組織へのエンゲージメ
ント向上の効果も期待できるでしょう。基本的には、月末のチーム会や全
体会議の場に組み込んで、定期的に行っていくことをおすすめします」

アレンジ！
●毎月実施するのが Good Work Award だとすると、3カ月や半年に1回くらいの
スパンで Special Good Work Award として、賞金やトロフィーなどのインセンテ
ィブを出す、グレード感ある表彰の場を設けてもよいでしょう。

身につくスキル
● **チームワーク**　● **協調性**　● **共創力**

ハイポイント・インタビュー

16 仲間を承認できる他己紹介

□ 新人研修　☑ 管理職研修
☑ 異業種交流　☑ 多様性研修
☑ チームビルディング　□ 1on1
☑ 人材育成　□ SDGs
□ 学校　□ 地域

80分

案内人
松場 俊夫

こんなときに役立つ

● チームの雰囲気を改善したいとき

● 仕事などがマンネリ化してきたとき

推奨人数	4〜6人（多い場合はブレイクアウトルームで分ける）
必要なもの	ハイポイント・インタビューのワークシート

WORKSHOP

1　「まずは2人1組になって、人生最高の体験について相手にインタビューしていただきます。1人あたり20分くらいかけてワークシートにある質問を順番に聞いていってくださいね。後ほど、相手の方の他己紹介をしていただくので、メモをとりながら漏れなく質問してください」

事前にインタビューシートを送付しておくか、チャットなどで共有しておくといい。質問があればファシリテーターは答える。ワークシートの冒頭に掲載されている注意事項（「インタビューの前に」）については、ファシリテーターが口頭で説明してもいい。説明が終わったら、2人ずつのブレイクアウトルームに分かれてもらう。

［ワークシート］ハイポイント・インタビュー

インタビューの前に

1. 話し手が落ち着いて話ができる環境を確保してください。
2. インタビュー実施にあたっては、①〜⑤の質問をゆっくり声に出してお読みください。
3. 話を聞くときは「うなずき」や「相づち」などによって、話し手が話しやすい雰囲気をつくってください。
4. インタビュー終了後、インタビューで聞いたストーリーをシェアする時間があります。一語一句再現する必要はありませんが、聞いた話の流れや要点を覚えておくため、簡単なメモをとってください。
5. アドバイスをしたり、相手と議論したりする時間ではないので、自分の体験や考えを語るなどして相手の話を中断させず、話し手が話す内容に好奇心を持って耳を傾けてください。
6. 話し手のことをよく知り、新たな部分を発見することを楽しんでください。

ハイポイント・インタビュー質問　「○○さんについて」

① あなたが最高に輝いていたときは、いつですか？　また、その当時どんな夢や目標を持っていましたか？

② あなたがこれまで属していた組織やチームで、あなたも組織やチームも最高に輝いていたときは、どんなときですか？　また、それにあなたはどのように貢献していましたか？

③ なぜそのとき、最高に輝いていると感じたのですか？　そのとき、あなたはどのような考えや価値観を持っていましたか？

④ 目が覚めると、あなたは5年後の世界にいます。あなたの組織やチームではその間にさまざまな取り組みが実行され、誰もがやりがいを感じながら活動しています。そこではどんなことが起きていますか？　あなたはどんな気持ちですか？

⑤ あなたの組織に新メンバーが入ってきました。あなたはその新メンバーに、この5年間で起こった変化について話しています。この組織やメンバーは、どんな決断をし、どんな変化を起こしてきましたか？　また、あなたはどのような貢献をしましたか？

② 「では、聞き手と話し手を決めて、インタビューを始めてください。1問あたり4〜5分ありますので、適宜質問を追加して深掘りながら進めてください」

全体の様子を見ながら、1人20〜30分かけてインタビューをしてもらう。

③ 「1人目が終わったら、今度は立場を交代してインタビューを行ってください。どうぞ」

同様に、今度は聞き手と話し手を交代してインタビューしてもらう。ファシリテーターは全体の様子を見つつ、タイムキープする。

④ 「終わりましたか？　それでは、今度は4〜6人1組になって、他己紹介をしていただきます。いまインタビューした相手の方について、1人5分ずつくらいで紹介してください。聞いている方たちは、その話を聞いていて共感したことや考えたことなどがあれば、チャットに随時書き込んでくださいね。では始めてください」

インタビューが終わったら、一旦ブレイクアウトルームを止めて、メインルームに戻す。再び説明をした後、4〜6人くらいずつブレイクアウトルームに分かれ、グループの中で順番に他己紹介をしてもらう。このとき、インタビューし合ったペアは必ず同じグループに入るように調整する。他己紹介をしている人以外には、話を聞きながらチャットに思ったことをどんどん書き込んでいってもらう。共感した点など、できるだけポジティブなフィードバックをしてもらう。

5 「1人目の方が終わったら、ぜひチャットに書き込まれているコメントを見てみてください。みなさんからの共感や感想など、恥ずかしいかもしれませんがうれしいですよね。これから順番に他己紹介していただきますので、同様に書き込んでいってくださいね。それでは2人目の方どうぞ」

チャットに書き込まれているコメントを読む時間をとり、次の人へ進む。同様にしてメンバー全員に順番が回るようにタイムキープしながら進行する。

CLOSING
6 「全員終わりましたか？　ほかの人に紹介してもらうことで、自分自身の新たな面が見つかった人もいるのではないでしょうか。また、ポジティブなフィードバックを出し合うことで、チームとしていい関係ができていきますね」

〜〜〜〜〜〜〜〜〜〜〜〜〜〜〜〜〜〜〜〜〜〜〜〜〜〜〜〜〜〜〜

このWSのねらい

「どうしても人は『今』については不平不満を語りがちです。しかし、過去や未来について話し、それを人に説明することで、前向きな視点で話すことができます。また、自分の大切な経験をほかの人にじっくり聞いてもらうことで、ストーリーを共有し、受け入れてもらえているという気持ちになることができます。また、そのストーリーを他己紹介という形で語ってもらうことで、承認されたり、大事にしていたのに気づいていなかった価値観に気づいたりできますね」

アレンジ！

● スポーツ選手であれば節目となる大きな大会についての話にするなど、それぞれのテーマに合わせた内容に質問を変えてみてもいいでしょう。ポイントは過去の栄光だけでなく、未来についても話してもらうことです。参加者が奇数になってしまうときには、スタッフが入って偶数ペアをつくるようにしてください。

身につくスキル

● コミュニケーション力　● 傾聴力　● チームワーク

組織強化

リーダーシップ探究

17

自分なりの リーダー像と 未来像を描く

- ☑ 新人研修　　☑ 管理職研修
- ☐ 異業種交流　☐ 多様性研修
- ☑ チームビルディング　☑ 1on1
- ☑ 人材育成　☐ SDGs
- ☑ 学校　　☑ 地域

40 分

案内人
児浦 良裕

こんなときに役立つ

● 年度のスタートなどに新しい方向性を考えたいとき
● 既存のチームが少し崩れ始めているとき

推奨人数　4～6人（多い場合はブレイクアウトルームで分ける）

必要なもの　リーダーシップ一覧、Google Jamboard

WORKSHOP

①　「これからリーダーシップについて考えてもらいます。リーダーシップが必要なのは、チームのリーダーだけではありません。==一人ひとりが責任を持って自分の担うべき役割を全うするためには、自分自身のリーダーである必要もあります。==今回は、自分のリーダーシップとは何か改めて問い直してみましょう。（画面共有をして）まず、こちらの一覧を見てください。この中から自分が最も発揮できていると思うリーダーシップを1つ選んで、Google Jamboard（以下、JB）の自分のページの左側に付箋で書き込んでください」

事前にリーダーシップの要素を書き出した一覧を用意しておく。一覧は、そのときの参加者や WS の目的に応じて、アレンジするといい。JB には事前に参加者の名前などを入れておくか、各自で書き込んでもらい、どれが自分のページかわかるようにしておく。ページの真ん中に線を引き、左右に分けておく。それぞれ自分の付箋の色を決めてもらうとわかりやすい。ファシリテーターは、参加者が書き込めたか確認しながら進める。

リーダーシップ一覧の例 ⬇ DL

目標をしっかり設定できる	失敗から学び取り、次に活かせる	適切な判断ができる	コミュニケーション能力がある
業務を予定通り遂行することができる	結果が出せる	創造力があり創意工夫をする	みんなに誠実である
ダイバーシティを推進する	メンバーのモチベーションを保てる	責任をきちんととれる	メンバーをきちんと育てることができる
寛容である	常に学ぶ姿勢があり、好奇心を持っている	信頼を得ることができる	朗らかでぶれない
信念を持ち、決断力がある	チーム全体の利益を考えている	広い視野で考えることができる	論理的に考え、説明することができる

② 「それでは次に、**自分が現在は発揮できていないが、今後強化していきたいと思うリーダーシップ**を1つ選んで付箋に書き、JBのページの右側に貼ってください」

今度は、選んだ要素を右側に貼ってもらう。ファシリテーターは、参加者が書き込めたか確認しながら進める。

③ 「それではグループに分かれ、お互いのページを見てください。そして、あなたが思うほかのメンバーが**最も発揮できているリーダーシップ**、そしてその人が**もっと強化したほうがいいと思うリーダーシップ**を1つずつ選び、その人のページに付箋に書いて貼ってください」

ブレイクアウトルームで4〜6人に分け、それぞれのグループ内でお互いのページに付箋を貼ってもらう。全員がお互いに貼れているか、ファシリテーターは確認する。

④ 「(メインルームに戻してから)では、改めて自分のページを見てください。自分が選んだリーダーシップ像と、周囲の人があなたから感じているリーダーシップ像は異なるものだったかもしれません。新たな気づきが得られたでしょうか。それでは、改めて自分のページを見て、**現在の自分のリーダーシップを示す言葉**を表から1つ選んで付箋に書き、左側に貼ってください。最初と同じものでもいいですし、違うものを選んでもかまいません。その付箋にわかりやすいように赤丸をつけましょう。そして、自分が選んだリーダーシップ像を表すイメージカードを1枚選んで、その近くに貼り付けてください」

JBかクラウドサイトなどに画像のイメージカードを貼り付けて、参加者がそこからコピー&ペーストできるようにしておく。今回は「学び続ける教育者のための協会(REFLECT)」が作成している「Original Image Cards」を使用したが、同様にさまざま

な画像が載っているカードを使用したり、自分で作成したりしてもいい。

Original Image Cards の例

⑤ 「次に、**自分のリーダーシップとして今後の目標となる言葉を一覧から1つ選ん
で付箋に書き、右側に貼ってください**。最初に選んだのと同じものでも、異な
るものでもかまいません。その付箋に赤丸をつけましょう。そして、自分が選
んだ今後目指すリーダーシップを表す言葉に合うイメージカードを1枚選び、
その近くに貼り付けてください」

今度は右側に自分の未来のリーダーシップ像として強化したいものを選んで付箋に書き
込んでもらう。先ほどと同様に、イメージカードから選んで貼り付けてもらう。ファシ
リテーターは参加者の作業が終わっているか確認しながら進める。

⑥ 「それでは順番に自分のリーダーシップの現状と未来について、できあがったペー
ジを見せながら説明してください。1人2分程度でお願いします。それでは○
○さんからお願いします」

できあがった JB を1ページずつファシリテーターが画面共有で見せながら、本人に発
表してもらう。年功序列などにならないように、順番はファシリテーターがランダムに
決めてもよいし、あいうえお順などでもよい。

リーダーシップ JB の例

CLOSING
7 「今回見つかったみなさんの新しいリーダーシップに向けて、少しずつ行動して いけるといいですね」

このWSの
ねらい

「職場や学校では、年度の初めに目標を書かせる機会がよくあると思いま すが、ただ目標だけ書けと言われてもしっかりイメージができなけれ ば空虚な言葉になってしまいます。大事にしている価値観は一人ひとり で異なります。こうして一覧を作っておくと、それぞれの琴線に触れるも のがどれかあるはずです。そして、イメージカードを使うことで、より具 体的に頭に描くこともできます。また、自分だけでなく周囲の人から評価 されている自分の像を知ることで、自信にもつながりますね」

アレンジ！

● せっかくこうして具体的に書いたリーダーシップ像なので、いつも見えるところ に貼っておいたり、学期や年度の終わりに改めて本人との1on1や面談のときに振 り返ってみたりするといいでしょう。

● 個人で行った後に、チームとしての目標を決めてもいいですね。ポートフォリオ としても活用できます。具体的な方法は Q.11 で説明しているので参考にしてくだ さい。

身につくスキル

● リーダーシップスキル　● 内省力　● コミュニケーション力

7レイヤーズ・コンセンサス

18

変革を
阻害する
要因を探そう

☐ 新人研修　☑ 管理職研修
☐ 異業種交流　☑ 多様性研修
☑ チームビルディング　☐ 1on1
☑ 人材育成　☐ SDGs
☐ 学校　☐ 地域

60分

案内人
広江 朋紀

こんなときに役立つ

● チームや組織で決めた新しいビジョンに向かう前に、意思統一したいとき
● ビジョンに向けた現場の実行力を高めたいとき

推奨人数	4〜6人（多い場合はブレイクアウトルームで分ける）
必要なもの	7レイヤーズ・コンセンサスの図

WORKSHOP

1 「このチームでは今期、『〜〜』というビジョン（目的）を掲げています。今日はみなさんの本音をうかがいたいので、ぜひ声を聞かせてください。このビジョンに対して図にある7段階のうちあなたの思いがどれに最も近いか、投票してみてください。チーム全員が100%納得することは難しくても、肯定的なのか否定的なのか、『いまやることではない』と思っているのかなど、その気持ちを見ていきたいと思っています。それでは投票してください」

7段階の図を画面共有し、Zoomのスタンプ機能を使って1つ選んでもらう。

2 「（全員が投票したら）ありがとうございました。（投票結果を見ながら）ほぼ賛成意見だけれども、やや抵抗感を示す言葉も見えますよね。もしよかったら、せっかくなのでこの声を聴かせていただけませんか？」

投票の内容によって、「何か腑に落ちないことがあるのだと思いますが、いかがですか？」「どうすればよくなると思いますか？」などと意見を聞くようにする。答えを急がせず、少し時間をとって待ってみる。どうしても言いにくいときはチャットで書いて

もらってもいい。そして意見を否定したり、ジャッジしたり、説得にかかったりせずに、受け入れる言葉をかけるようにし、あくまで中立を保つ。

7 レイヤーズ・コンセンサス ⬇ DL

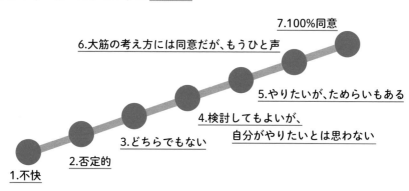

7.100%同意

6.大筋の考え方には同意だが、もうひと声

5.やりたいが、ためらいもある

4.検討してもよいが、
　　自分がやりたいとは思わない

3.どちらでもない

2.否定的

1.不快

CLOSING 3 「ありがとうございました。改めてこのビジョンにみんなで一丸となって向かっていけるといいですね」

〜〜〜〜〜〜〜〜〜〜〜〜〜〜〜〜〜〜〜〜〜〜〜〜〜〜〜〜〜〜〜

このWSのねらい

「掲げられたビジョンに対して反対意見を出すことは難しいですが、スタンプを押す、投票するというワンアクションにすることで少しハードルが下がります。そして、それぞれの思いを拾うことで、認めてもらえたという気持ちが生まれます。また、否定的な意見が出たら対話することで、実は勘違いしていた点が判明したり、第3の案が出てきたりします。重要なのは、声を出せる安心安全の場をつくること。組織内のブラックボックスを少しずつ開けていくことで、互いの視界を一致させていけるでしょう」

アレンジ！
● 時間があれば、ディスカッションの後に改めて投票を行って、意思統一ができてきたことを見える化するのもいいでしょう。また、ここから個人のアクションプランや宣言に落とし込み、今後につなげることもできます。

身につくスキル
● コミュニケーション力　　● 共創力　　● チームワーク

Part 2 組織編
組織再編

VALUE 対話

19 会社の指針を個人に落とし込む

- ☑ 新人研修　☑ 管理職研修
- ☐ 異業種交流　☐ 多様性研修
- ☑ チームビルディング　☐ 1on1
- ☑ 人材育成　☑ SDGs
- ☑ 学校　☐ 地域

120 分

案内人
松場 俊夫

こんなときに役立つ

- 会社のミッションやバリューはあるが、それが社員の理解につながっていないとき
- 組織の新しい方針をメンバーで共有したいとき

推奨人数	何名でも可能 （多い場合は、4〜6名ごとにブレイクアウトルームで分ける）
必要なもの	組織の方針やバリューを記載してあるもの、白紙1枚

WORKSHOP

(1) 「最初に、会社のバリューを改めて確認しましょう。普段見慣れているかもしれませんが、今日はさらに具体的に考えていきましょう。会社のバリューは、（画面共有などをしながら）○○、△△、□□です。まずは、この中であなたやチームのメンバーが最も実践できていると思うのは、どれですか？ 投票してください」

会社のバリューや価値規範についての文章を事前に用意し、画面共有などをしてみんなで最初に確認する。各バリューの前に番号をつけておく。Zoomの投票機能を使って、チームの現状を把握するといい。

(2) 「○○が多かったようですね。では、いま選んだバリューの番号ごとにブレイクアウトルームへ分かれて、なぜそれを選んだのか共有してみてください。今日はグループで話し合う時間を何度かとりますが、その際、『ダイアログ』と呼ばれる話し合いをしましょう。話し合いには『ダイアログ』と『ディスカッション』があり、ディスカッションは意見を交換して、互いの妥協点を見つけます

066

が、ダイアログでは最終的な答えを導く必要はありません。意味や体験を分かち合い、判断を保留しながら互いに質問をしていきます。ですから、同じバリューを選んだ中で意見が違っていても、1つにまとめる必要はありません。お互いの意見を聞き、ぜひ質問し合ったりしてみてください。

ブレイクアウトルームに分かれますので、ご自分の表示名の前に、選んだバリューの番号を入れてください」

Zoomの表示名を変更し、自分の名前の前に投票した番号を入れてもらうと、ブレイクアウトルームで分ける際に、番号ごとにすぐに分けることができて便利。ブレイクアウトルームに分かれたら、なぜそのバリューを選んだのかについて話し合ってもらう。1グループが7人以上になりそうな場合には、2グループに分けるといい。逆に、1人しかいない場合は2人以上になるように誰かに移動してもらう。参加人数にもよるが、グループ全員が話せるように、10〜20分ほどタイムキープする。

ダイアログとディスカッションの違い

ダイアログ（対話）：それぞれの意見を出し合いつつ、その意味や理解を探求していくための話し合い。

ディスカッション（議論）：意見を出し合い、互いの主張をぶつけながらも、1つの最適解を求めていく話し合い。

---

③ 「終わりです。（メインルームに戻してから）各グループごとにどんな話が出たのか、全体に共有していただけますか？　1のグループからお願いします」

話し合った内容を全体に共有してもらう。各グループで1人ずつ簡単に話してもらう。

④ 「次に、バリューの中であなたやチームメンバーが最も実践できていないと思うものはどれですか？　そう思うものに投票してください」

改めてバリュー一覧を画面共有して、投票してもらう。

⑤ 「今回は△△が多かったですね。では、今度はいま選んだバリューごとにグループに分かれて、なぜ実践できていないと思うのか、共有してください。ブレイクアウトルームに分かれますので、ご自分の表示名の前に、選んだバリューの番号を入れてください」

今回は、自分が実践できていないと思うバリューごとのグループに、ブレイクアウトルームに分ける。先ほどと同様に表示名の最初に番号を入れてもらうと、グループ分けがしやすい。

6 「では、なぜそのバリューが実践できていないと思うのか、グループごとにそれぞれの考えを共有してみてください」

参加人数にもよるが、グループ全員が話せるように10〜20分ほどタイムキープする。

7 「終わりです。（メインルームに戻してから）各グループごとにどんな話が出たのか、全体に共有していただけますか？　1のチームからお願いします」

発表する順番は、先ほどと逆順などランダムでかまわないので、また順番に話し合いの内容を共有してもらう。

8 「では、会社のバリューを体現するために、明日からあなたができることや、取り組んでみたいことはどんなことでしょうか？　1度目、2度目の対話や全体での共有をふまえて考えていただき、今回新しい項目を選んでもかまいません。どれか1つバリューを選び、実践する内容を考えてみてください。それでは、明日から実践するバリューを1つ選んで投票してください」

これから自分が具体的に取り組むバリューを選んで投票してもらう。

9 「それでは、選んだバリューごとに分かれ、具体的にどんなことを実践するのか、ぜひお互いに宣言してください」

また選んだバリューごとにブレイクアウトルームに分けて、話し合ってもらう。今回は、すぐに取り組むことのできる具体的な内容を考えてもらう。ファシリテーターは、グループを回り、実践案に悩んでいる人がいたらサポートする。

(10) 「終わりです。（メインルームに戻してから）各グループごとにどんな話が出たのか、全体に共有していただけますか？　1のグループからお願いします」

また順番に話し合いの内容を全体に共有してもらう。

(11) 「最後にみなさんがお話しされた<u>明日からのアクションプランを、紙に書いて宣言しましょう</u>。みなさんのお手元にある紙に書いてください」

事前に紙などを配っておくか、ファイルなどをチャットで共有する。できるだけ、後日見返したりできるようにその場で消えてしまうものではなく、各自が手元に残せる形にするといい。

CLOSING
(12) 「いま書いていただいたアクションプランを、ぜひときどき見返してみてくださいね。会社のバリューも、実際に一人ひとりが行動に落とし込まなければ実現しません。みなさんでできることから始めていきましょう」

〜〜〜〜〜〜〜〜〜〜〜〜〜〜〜〜〜〜〜〜〜〜〜〜〜〜〜〜〜〜〜

このWSのねらい

「どんなに美辞麗句が並んでいても、会社が掲げるバリューが社員一人ひとりに浸透し、アクションにつながらなければ、会社は前に進みません。また、ダイアログを通して、バリューへの理解が個人によって異なっていたり、意味を履き違えていたりすることに気づく人もいるでしょう。トップダウンで押しつけず、対話に落とし込み、そして具体的な行動に変えていくことが重要です。組織を成しているのは一人ひとりの個人。その一人ひとりがバリューを理解し、チームや組織として深めていくのがねらいです」

アレンジ！

● 部署やワーキンググループなど、チームごとで話し合ってもいい。それによりチーム全体としてどのバリューに向かっていくのか、チームとして明日から改善できることやアクションできることは何なのか、意識共有ができます。会社のミッション、スポーツチームの方針、学級の活動方針、などそれぞれの組織に合わせたテーマで取り組むといいですね。

● アクションプランをより綿密に、半年後、3カ月後、1週間後などと目標を細分化して書き出していってもいいでしょう。

身につくスキル

● コミュニケーション力　● 内省力　● チームワーク

COLUMN

松場 俊夫

オンライン 1on1 の極意

コロナ禍をきっかけにテレワークを導入する企業が増え、今後も現場とテレワークは共存していくでしょう。**問題は、テレワークにより社内のコミュニケーション量が急速に減ったこと**です。ちょっとした疑問があったとき、近くにいる上司に声をかけていた部下たちも、オンラインではなかなかそうはいきません。小さな疑問や心配が積み重なり、上司が気づいたときには遅かったということも起こり得ます。

そこで、**いま一度注目されているのが 1on1** です。これまで多面で実践していた企業はもちろんのこと、テレワークを導入したことによってオンライン 1on1 を取り入れる企業が増えてきました。

1on1 は、基本的に上司が部下の話を聞く場で、「部下のための時間」です。上司が部下に説教をしたり、仕事が進んでいない理由を問い詰めたりする時間ではないので、この大前提はしっかりと理解しましょう。部下が仕事に対して抱く心配や悩みだけでなく、プライベートに関する相談や考えを聞いたり、体調などを確認したりする機会にもなります。テレワークにより日常的なコミュニケーションの壁が高くなってしまったのを打破してくれる 1 つの手段なのです。

そこで、今回は 1on1 を導入する際のポイントをお話ししましょう。

1on1 の導入で考えること

①導入はトップダウンが必須。人事評価と連携すること

現在、日本のマネジャーの 9 割がプレイングマネジャーといわれ、自分も業務担当を持ちながら部下の指導にあたっています。そのため、なかなか部下のマネジメントに時間を割くことができません。だからこそ、**1on1 の導入には、トップの決断が必須**であり、上から推進していく必要があります。そして、**1on1 を行うことへの評価もきちんと行い、マネジャーの業務と評価に組み込んでいく**のです。

1on1 自体は、直接業務と関係ないと思われがちですが、部下が悩みを相談できないまま転職や退職を決意していたら、それこそ企業にとって大きなロスになります。いま叫ばれている社員のエンゲージメントを高めるにも、一人ひとりの声を企業側が

きちんと聞いているということを体現する1on1は、大きな効果を生みます。1on1は
ソフト面ですが、制度としてのハード面も同時に整えて、トップと人事と現場が協力
して進めていくことが不可欠です。

②最初に目的とルールを設定する

　1on1は、なんとなく導入したのでは効果は表れません。重要なのは、最初に「**目
的**」と「**ルール**」を設定することです。この2つの中身は企業によって異なってか
まいませんが、きちんと設定して共有しておくことが、1on1の効果を決定づけます。

A. 目的

　まずは、**何のために1on1を始めるのか**という目的です。例えば、「経験学習を促
進する」「部下の成長や目標達成を支援する」「上司と部下の信頼関係を高める」「会
社の方針を社員に浸透させる」「社員のエンゲージメントを高める」……など、各社に
よって異なります。

　目的は1つでなくてもかまいませんが、優先順位を決めておきましょう。そして、
その優先順位は、会社の状況に合わせて変更してもかまいません。

　当初は、会社のミッションを社員に浸透させることが目的であっても、徐々にそれ
が満たされてきたと感じたら、社員のエンゲージメントを最優先に変えてもいいので
す。ただし、その目的をトップや人事はもちろんのこと、上司側、部下側にも周知し
ておくことが必要です。

B. ルール

　ルールは、できるだけ細部まで決めておいたほうが、1on1を実際に行う上司側も
部下側も安心できます。

　大原則は、「**1on1で話したことを他言しない**」という守秘義務の徹底です。上司
と部下の信頼関係を築くには時間がかかりますが、崩れるのは一瞬。1on1が心理的
な安心安全が確保される場でなければ、部下は本心を話すことができません。1on1
は部下が自由に話す場ですから、それができなければ意味がないのです。

　話した内容を人事部が吸い上げるのも注意が必要です。社員のメンタル的な問題
や、異動・休職・退職の必要があるなど、人事の介入が必要になる場合のみ担当者に
連絡する、ということも含めて、ルールを決めましょう。

　また、上司自身で解決できないような相談を受けた場合にも、基本的には上司から
部下本人に「いま話してもらった件を解決するために、○○部の△△さんに相談して
もいい?」と確認をとるようにします。本人の許可なく他言してしまうと、信頼関係
が崩れます。非常に緊急性の高い場合は仕方ないかもしれませんが、**1on1では基本
的に、上司と部下の信頼関係をベースにしていることを理解**してください。

考えておくべきルール例：

- 頻度、1回あたりの時間
- 時間を過ぎたら延長するのか
- プライベートについて話してもいいか
- 話を聞いている最中に上司はメモをとってもいいのか
- どのソフトやツールを使うのか
- オンライン会議システムのカメラをオフにしてもいいか
- どちらがアポイントを設定するのか
- キャンセルとなった場合、どちらがスケジュール調整をするのか
- リスケをするなら期限はいつまでか
- 部下の数が多い場合はどうするか
- 人事部に伝えてもいい内容の範囲……など

さて、目的とルールが決まり、いざ導入するとなると、**現場への導入研修が必要**になるでしょう。1on1は上司が聞き役ですのでコーチングのスキルを研修で習得してもらいますが、研修は上司だけでなく部下にも行います。部下も質問や傾聴することの難しさを体感することで、互いに協力して相互作用の効果を高めることができます。

それぞれの研修のポイントも見ていきましょう。

1on1導入研修のポイント

①上司向けの研修

上司向けの研修で重要なのは、「**傾聴**」「**質問**」「**承認**」という3つのコーチングスキルを身につけてもらうことです。

A. 傾聴

3つの中でも一番大事なスキル。**傾聴とはその漢字の通り、相手が話したいことに対して深く丁寧に「耳」を傾け、表情やしぐさなどに「目」で注意を払い、言葉の背後にある思いや感情に「心」を配って共感を示すコミュニケーション技法です。**

上司は基本的に指示を出すことは多くても、ひたすら聴くことはあまりありません。また、普段職場で聞いていることは、「いつ」「どこで」「誰が」「何を」「なぜ」「どのように」という、いわゆる5W1Hに焦点を当てています。だからこそ、1on1では部下の感情や気持ちに焦点を当てて聴くことが大事なのです。研修ではそのスキルを体感して、徹底的に身につけてもらいます。

1on1 の最初の一言として、「あの案件どうなった？」というのは NG。それによって、上司が知りたいことを聞く時間になってしまいます。好ましい一言は、「今日は何を話そうか？」といったように、部下に話の主導権を委ねることです。今回紹介した WS10 や WS11 のような、傾聴を体感できる WS もぜひやってみてください。

B. 質問

「今後、○○な仕事がしたいんだって？」というのは、YES ／ NO の答えを引き出すクローズド・クエスチョン。「今後、どんなことがしたいの？」と自由な答えを引き出すのが、オープン・クエスチョンです。**1on1 では、部下の考えや気づきを引き出すためにも、オープン・クエスチョンが有効**です（ WS11 参照）。

クローズド・クエスチョンで聞いてしまうと、軽い気持ちで聞いたとしても上司と部下という上下関係が無意識に影響し、上司の意向を押しつけることになりかねません。部下は、「上司はそれを望んでいるんだろうから『はい』と言っておこう」と思って答えているかもしれません。だからこそ、オープン・クエスチョンで、本音を話してもらう機会をつくります。

また、**過去ではなく「未来」に目を向けた質問**にすることも意識しましょう。「なぜあのプロジェクトは失敗したと思う？」「あの部署での仕事はどうだった？」など過去のことばかりを聞かれると、部下は上司に問い詰められているように感じてしまいます。そうした過去の取り組みから何かを学びたい場合でも、「今後どうしていったらよくなると思う？」「これからはどうしてみたい？」と未来に目を向けた質問をしてみましょう。

C. 承認

承認には、「**結果承認**」「**経過承認**」「**存在承認**」の 3 つがあります。日本の企業内コミュニケーションで多いのは、仕事の成果が出たときに「よくやった！」と褒めるような結果承認です。

しかし、**優れたマネジャーは部下の仕事の様子を見て、「今回の働きかけ方がとてもいいね」と経過承認をしていることが多い**です。

そして、さらにいいマネジャーは存在承認をしています。存在承認とは、「あなたがここに存在していることがうれしい」という究極の承認です。そう言うと大げさに感じられるかもしれませんが、**声をかけるときに相手の名前を呼ぶ、目を見て挨拶をする、重要な仕事を任せる、ということも存在承認の 1 つ**なのです。

エンゲージメントを高めるためには、社員一人ひとりが自分の存在が会社の中で承認されていると感じられることが重要です。1on1 の際にも、丁寧に相手の話に耳を傾ける、共感する、話が聞けてよかったと伝える、そうした一つひとつのことが、部下に安心感を与え、受け入れられていると感じさせてくれることでしょう。

②部下向けの研修

　1on1導入研修は、上司だけに実施する会社が多いのですが、実は部下の研修も1on1の効果を上げるには不可欠です。部下側が1on1をきちんと理解せず、高すぎる期待や低すぎるコミットメントをしていたのでは、成功しないからです。

　部下が1on1に消極的な理由は、主に2つ。1つ目は、「この上司と毎週話したくない」という上司との信頼関係の欠如。2つ目は、「同じ相手と定期的に話すネタがない」という話題の欠如。これも根本的には、**腹を割って話すほどの関係性ができていない**という問題があります。これらの不安を払拭するためにも、部下向けの研修が必要なのです。

A. よく見える眼鏡をかける

　私はよく「上司を見る眼鏡を変えてください」と話します。上司に対して苦手意識を持つ部下は、上司を色眼鏡で見ており、この色眼鏡はアンコンシャス・バイアスなのです。人間はついマイナス面を見てしまいますが、誰でもいいところは必ずあるはず。それが見えるように**「色眼鏡を外す」のではなく、「よく見える眼鏡にかけ替える」**ことをしてみてください。苦手な相手に対しては、色眼鏡を外しただけではよいところは見えません。「よく見える眼鏡」にかけ替えて、よい部分を意識的に見つける必要があります。

B.「時間」と「空間」で思考を広げる

　話す内容に困るときは、**「時間」と「空間」というフレーム**で思考を広げます。時間軸を伸ばすというのは、目の前のことだけでなく半年後、1年後、2年後、5年後、10年後、50年後……とずっと先まで、事業や企業がどうなっているのか考えてみること。そうすると、話は広がるはずです。

　同様に、空間軸も広げます。スタートは「自分」のことですが、チーム、部署、会社、業界全体、地域全体、日本、世界……とこちらも広げてみると、見えてくるものが異なってきます。自分が持っている考えも、この2つのフレームで広げていくと、話はさらに広がるでしょう。

C. 上司の立場を体感する

　1on1では上司は聞き役だと言いましたが、**聞くというのはとても難しいこと**なのです。これは、上司役をやってみるとさらに理解できるでしょう。研修では2人1組になって、逆の立場である上司役を経験してもらいます。

　上司役をやってみると、「なぜうまくいかないと思う?」と反省をうながすような言葉をかけてしまったり、質問すること自体に詰まってしまったりします。また、ついアドバイスしてしまったり自分ばかり話してしまったり、やってみると非常に難しいことがわかるのです。それを体感したうえで1on1に臨むと、上司と部下双方でいい1on1の時間をつくろうと歩み寄ることができるでしょう。

Part

3

アイデア・課題編

積極的な発言が出てこない、
考えがフワッとしていてまとまらない、
発想が凝り固まってしまう……。
そんなときに使えるアイデアをどうぞ。

連想ワーク

20 イメージカードから発想を広げる

☑ 新人研修	☑ 管理職研修
☐ 異業種交流	☑ 多様性研修
☑ チームビルディング	☐ 1on1
☑ 人材育成	☑ SDGs
☑ 学校	☑ 地域

40分

案内人
児浦 良裕

こんなときに役立つ

● ふわっとした発想やアイデアを共有したいとき
● 言葉で表現するのが苦手なメンバーでも、楽しんでアイデア出ししたいとき

推奨人数　2 〜 10 人（多い場合はブレイクアウトルームで分ける）

必要なもの　イメージカード（自作で用意しても可）、Google Jamboard

WORKSHOP

①　「みなさんで『理想の教育』とはどんなものか、一緒に考えていきましょう。まず、Google Jamboard（以下、JB）に貼ってある<mark>イメージカードの中から、1 人 1 枚ずつ自分の理想に近いものを選んで貼ってください</mark>」

テーマは、そのときにふさわしいものに設定する。事前にイメージカードを JB や Google スライドなど参加者がコピー＆ペーストしやすいように用意しておく。カードは、市販のイメージカード（ワークショップ探検部の案内人たちは「学び続ける教育者のための協会（REFLECT）」の「Original Image Cards」や、「Visual Explorer」などを使用）でもよいし、自分でさまざまな写真を集めておいてもいい。それらの中から、自分のイメージに近いものを 1 人 1 枚選び（複数人が同じものを選んでもいい）、JB の自分のページに貼ってもらう。ファシリテーターは、参加者の様子を見ながら 5 分ほど作業時間を確保する。

②　「それでは、いま選んでいただいたカードから、<mark>思い浮かぶキーワードを 3 つ考え</mark>てください。そして、1 つずつ付箋に書いて、JB の同じページに貼ってください」

選んだイメージカードから思い浮かぶ言葉を付箋に書いてもらう。ファシリテーターは、参加者が選べるまで5分ほど時間を見る。

連想ワークの例

どのカードを選ぼうかな……。

私の理想の教育とは、生徒や先生がともに手をとり合うことで光やビジョンが生まれることです。手は第二の脳とも言われますが、手をとり合って協働していく環境をつくることです。

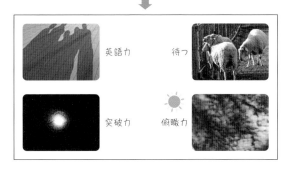

理想を実現に近づけるには、いまは英語力も足りないし、ゼロからイチを生む突破力も足りない。あとはもっと生徒の成長を待てないと。まずは俯瞰力が最優先だ！

③ 「それでは、その3つのキーワードを使ってストーリーを組み立ててみてください。3つのキーワードをつなげて、自分が考える理想の教育を説明してみてくださいね。後ほどみなさんで共有していただくので、メモをしたり、JBに書き込んだりしてもかまいません。5分ほど差し上げます」

最初のテーマに合わせて、挙げた3つのキーワードを文章に組み立ててもらう。できればファシリテーターが例を示すと、参加者は理解しやすい。ファシリテーターは5分ほどタイムキープ。

連想ワークの流れ

作業時間	アクション
5分	自分の理想に近いイメージカードを1枚選んで貼る
	⬇
5分	選んだカードから思い浮かぶキーワードを3つ挙げる
	⬇
5分	3つのキーワードでストーリーを組み立てる
	⬇
一言程度	自分の理想とそのストーリーを共有する
	⬇
10分	自分の理想を実現するために必要な知識やスキル、マインドを示すイメージカードを4枚選び、それぞれに思い浮かぶキーワードを1つずつ挙げる
	⬇
5分	4つのキーワードのうち、最も重点的に身につけたいもの、身につけないといけないものを選んで太陽マークをつける

④　「では、みなさんが考えた理想の教育とそのストーリーを順番に共有しましょう。それでは、○○さんからお一人ずつ作っていただいたJBのページを画面共有しますので、お願いいたします」

1グループ10人程度が最大人数と考え、多い場合にはブレイクアウトルームで4～8人程度に分かれるといい。ファシリテーターは1人分ずつJBのページを画面共有して、本人に説明してもらう。簡単に一言ずつでかまわないので、順番に進める。順番は、年功序列などにならないようにランダムに組む。

⑤　「（メインルームに戻してから）お互いの理想の教育に対するイメージを聞いて、いかがだったでしょうか？　新たな気づきをもらえた部分、自分の思いと重なる部分などあったかと思いますが、これから一緒に実現を目指していくことができますね。それでは今度は、いまお話しいただいた理想の教育を実現するために、これからの自分に必要な知識やスキル、マインドは何でしょうか？　これからの自分に必要だと思うものを示すイメージカードを4枚選んでください。そして、選んだカードにそれぞれ思い浮かぶキーワードを1つずつ書き出して、付箋を貼ってください」

JBの新たなページに、それぞれ自分に今後必要になってくるスキルや知識などを表す4枚のカードを、最初のイメージカードのリストから選んできて、同様にコピー＆ペー

ストしてもらう。そのうえで、それぞれに思い浮かぶキーワードを書き出してもらう。
ファシリテーターは、参加者の様子を見ながら10分ほどタイムキープする。

6 「いま書き出した4つのキーワードの中でも、自分が最も重点的に身につけたい
もの、身につけないといけないと思っているものはどれでしょうか？ それに、
太陽マークをつけてください」

スタンプ機能を使い、太陽のマークを一番重要だと思うものにつけてもらう。ファシリ
テーターは5分ほどタイムキープ。

CLOSING 7 「こうして自分の理想や、それに向けてまずは何が必要か書き出せたことで、今
日からでもみなさんが動き出すための指針ができたかと思います。これはみな
さんのポートフォリオにもなりますので、ぜひときどき見返して、今後の方向
性を確認したり、自分がどこまで実現できているのか振り返ったりするのに使
ってくださいね」

このWSの
ねらい

「大きな理想を描くのは大事ですが、それを実現する一歩一歩に落とし込
むことを忘れてはいけません。言葉だけでなくイメージを使うことによ
って、より具体的に思い浮かんできたり、言葉とイメージの相互作用
で新たな要素に気づいたりするかもしれません。また、同じテーマに対
しても人によって思いもアプローチも異なります。それをできるだけビ
ジュアル化して伝え合うことができると、周囲からの共感も生まれ、
協働へとつながるでしょう。ぜひ参加者に共通するさまざまなテーマで
取り組んでみてください」

アレンジ！

● 自分がすべきことまで落とし込むことができたので、実際に1週間後、3カ月後、
半年後に向けて何をするのか、毎日少しずつ積み重ねてできることは何なのかな
ど時間軸でスケジュールを立てるといいですね。そして立てたスケジュールを、
最初に書いた自分が考えるストーリーや理想とともに、目につくところに貼った
り、ポートフォリオとして保存したりしておくと、よい目標となるでしょう。

身につくスキル
● 共創力 ● 内省力 ● 段取り力

Part 3　アイデア・課題編
アイデア出し

非言語で表現する

21 もやもやした アイデアを 見える化する

☑ 新人研修　☐ 管理職研修
☐ 異業種交流　☑ 多様性研修
☑ チームビルディング　☐ 1on1
☐ 人材育成　☑ SDGs
☑ 学校　☑ 地域

40分

案内人
児浦 良裕

こんなときに役立つ

● なんとなく伝えたいものはあるけれど言葉にしづらいとき
● 異なる価値観を持つ人同士で理解をもっと深めたいとき

推奨人数　2〜10人（多い場合はブレイクアウトルームで分ける）

必要なもの　AutoDraw (https://www.autodraw.com/)、Google Jamboard

WORKSHOP

1　「新型コロナウイルスにより行動が制限される中でも、いまの状況をプラスに変える方法をみなさんで共有しながら考えてみましょう。まず、みなさんがこれまで最も楽しかった学び体験や自分が最も成長したと思う体験は何ですか？ たくさんあると思いますが、特に印象深いことを1つ選んで Google Jamboard（以下、JB）に付箋で書き込んでください」

テーマは、その時々に合わせて設定する。JB では、1人1ページ作っても、全員で同じページに書き込んでもいい。1人ずつページを作ると、その後自分のポートフォリオとして活用でき、全員で同じページに書き込むと多様性が一目でわかっておもしろい。

2　「それでは次に、コロナ禍でも自分が成長できたと思うことは何ですか？　今度は、AutoDraw を使って描いてみましょう。絵を描くのが苦手でも、なんとなく自分が思う形や線を画面に描くと AutoDraw がそれに近い候補のイラストを提案してくれるので、きっと自分の思いに近いものが描けます」

AutoDraw のリンクをチャットなどで共有する。実際にテーマについて取り組む前に、少し遊び感覚で参加者に試しに使ってもらうと、スムーズに入りやすい。それぞれのページに自分のコロナ禍での成長面をイラストで描き出してもらう。8分くらい時間をと

080

り、全体の様子を見て、まだ終わっていないようであれば 2、3 分追加する。

③ 「では、いま描いたものを 1 人ずつ説明してください。○○さんからどうぞ」
1 人 1 ページ作った場合は各自のページのリンクか、画面キャプチャを送ってもらい、全体に画面共有する。そのうえで、一人ひとり順番に発表してもらう。発表の順番は年功序列などにならないようにランダムにする。

④ 「では改めて、<u>あなたにとっての学びと成長というのは、どんな意味があるでしょうか？</u> AutoDraw で描いてみてください。先ほどの作品に追加しても、新しく描き直してもかまいません。ほかの人の作品を見て取り入れたいと思ったことや、自分の作品で改善したいと思ったことを加えても OK です」
ファシリテーターは全体の様子を見ながら 10 分ほどタイムキープする。

⑤ 「それでは、お一人ずつ絵を見せながら簡単に説明してください」
先ほどと同様に 1 人ずつ説明してもらう。

CLOSING
⑥ 「いかがでしたか？ コロナ禍で行動が制限されても、それぞれ異なる学びを得ていますね。それを共有することで、さらに学びを深められますね」

このWSのねらい

「『手は第二の脳』と言われます。文字で書くときれいにまとまることもありますが、実はもっと具体的な思いやモヤッとしていることを隠してしまいかねません。時には絵で表してみると、また違うものが見えてくるでしょう。まず第 1 段階で『楽しかった・印象に残っているできごと』を出し、第 2 段階で『状況設定における課題解決策』を描いてもらいます。第 3 段階でその 2 つをふまえて『そのテーマの価値・意味』を改めて考え、描いてもらいます。ポジティブなことから目を向け、本質へと迫っていきます」

アレンジ！

● レゴや粘土、家に余っている廃材などを使って工作したり、紙とペンで手描きして表現してもらっても OK。それを画面で見せて共有するといいですね。
● それぞれの価値や意味を描いた後に、全員でそのテーマについて 1 つの作品を仕上げてもいいですね。遠隔であっても、みんなで 1 つの作品を作るという一体感を生むことができるので、チームビルディングにも向いています。

身につくスキル

● 創造力　● 表現力　● チームワーク

ワールドカフェ

22

オンラインでも可能な意見交換

- ☑ 新人研修　　☑ 管理職研修
- ☑ 異業種交流　☑ 多様性研修
- ☑ チームビルディング　☐ 1on1
- ☐ 人材育成　　☑ SDGs
- ☑ 学校　　☑ 地域

60分

案内人
児浦 良裕

こんなときに役立つ

- ● 多様なアイデアを出したいとき
- ● ブレインストーミングを大人数で行いたいとき

推奨人数	4人 x 6〜8チーム
必要なもの	Google Jamboard

WORKSHOP

①　「今日は、『SDGsを会社として実践するには何をすべきか』というテーマについて、アイデア出しをしましょう。4人1チームになってブレイクアウトルームで分かれ、Google Jamboard（以下、JB）に付箋を使ってアイデアを記入していきます。まずは、思いつく限りのアイデアを付箋に書き込んで貼っていってください。アイデア1つにつき1枚の付箋でお願いします。それでは、5分間でどうぞ」

テーマは、その時々に合わせて設定する。JBにチームの数だけページを用意しておき、それぞれのチーム番号などを入れて、各自どのページに記入したらいいかわかりやすくしたうえで共有する。まずは、とにかくたくさん書き出してもらう。ファシリテーターはタイムキープする。

②　「5分経ちました。それでは、いま出たアイデアをチーム内で改めて見直して、グループ化や整理をしてみてください。10分間でどうぞ」

これまで出たアイデアをグループに分けたり整理したりして、チーム内で話し合ってもらう。新しい付箋を加えてもいい。10分ほどタイムキープする。

③ 「では、ほかのチームではどんなアイデアが出ているのか、見に行ってみましょう。いまのチームに残る人を1人、決めてください。その人には、ほかのチームから来た人に自分のチームで話し合った内容を説明する役を担ってもらいます。それ以外の人は、それぞれどのチームの説明を聞きに行くのか決めてください。Zoom の表示名の頭に、残る人は自分のチームの番号、ほかのチームへ行く人は行き先のチーム番号を入れてください」

ほかのチームを見に行くというワールドカフェのプロセスをオンライン上で行うため、1人は説明役として残り、ほかのメンバーは別のチームの話を聞きに行く。Zoom の表示名の頭に行き先のチームの番号を入れてもらうことで、ブレイクアウトルームに分けやすくする。

④ 「では、それぞれほかのチームに偵察に向かってください。残った人は、来た人に説明してくださいね。ほかのチームに行って、気づいたことやコメントがあれば、テキストボックスや別の色の付箋でフィードバックを残していってあげてください。では、いってらっしゃい！」

ブレイクアウトルームに分ける。5分ほどタイムキープする。ほかのチームから訪問した人は、チームメンバーが書いたのとは別の色で、感想やコメントを残していくようにうながす。

⑤ 「では時間になりました。（メインルームに戻して）ほかのチームのアイデアはいかがでしたか？　ほかのチームから得た気づきなどをチーム内で共有して、再び『SDGsを会社として実践するには何をすべきか』というテーマについて話し合ってみてください。新しく付箋を貼ったり書き込んだりしてもらってもかまいません。Zoomの表示名の頭に、再び自分のチームの番号を入れてください。では30分でお願いします」

当初のチーム番号を表示名の頭に入れてもらい、ブレイクアウトルームで最初のメンバーごとに分ける。ほかのチームから学んだことを共有し合って、さらに自分たちのチームの話へと発展させてもらう。ファシリテーターは30分ほどタイムキープ。ブレイクアウトルームを回り、話し合いに困っていたり、質問があったりするチームなどをサポートする。

6 「（メインルームに戻してから）では、それぞれのチームで話し合ったことを発表してもらいます。みなさんがどんな話し合いを経て、どんな結論に至ったのか、順番に共有してください。では、○○チームお願いします」

ブレイクアウトルームを終了して、メインルームに戻す。それからチームごとに代表を決めてもらうかファシリテーターが指名して説明をしてもらう。ファシリテーターがJBを画面共有して、発表しているチームのページが見られる状態にする。1チーム3〜5分程度で順番に発表してもらう。

CLOSING
7 「ありがとうございました。こうしてほかのチームのアイデアを聞くことで、さらに刺激を受けて思考も広がったと思います。新しいアイデアを練るときは1人で考えるより、いろいろな人の意見もぜひ参考にしてみてくださいね」

このWSの
ねらい

「リアルの場で、各チームがアイデアを書いたボードや紙を見ながら歩き回って意見交換をする手法、ワールドカフェ。オンラインだと難しいように思えますが、ブレイクアウトルームやJBを活用するとスムーズにできます。中高生を対象に行ったこともあり、どの年齢層や立場でも有効な方法だと感じています。一部の人だけで考えていたのでは、アイデアには限りがあります。イノベーションが起きるのは、自分になかったアイデアや世界観に触れるときが多いです。部署や専門分野が異なる人の意見を聞いてみる機会にしてください」

アレンジ！

●時間が許せば、全メンバーが全チームを回れるように、何度かブレイクアウトルームの組み合わせを変えてみるといいでしょう。そして、ほかのチームに行ったらそれぞれ必ずフィードバックを残してくることで、元のメンバーに戻ったとき、各チームに素晴らしいアイデアの置き土産があるはずです。

身につくスキル

● 発想力 ● コミュニケーションスキル ● 共創力

リフレーミングビュー

23 多面的な視点でとらえる

✓ 新人研修　　✓ 管理職研修
✓ 異業種交流　✓ 多様性研修
✓ チームビルディング　✓ 1on1
☐ 人材育成　☐ SDGs
✓ 学校　✓ 地域

20分

案内人
広江 朋紀

こんなときに役立つ

● ほかの視点からものごとを見る機会を持ちたいとき

● 考えやアイデアが凝り固まってきてしまったとき

推奨人数　2～4人（多い場合はブレイクアウトルームで分ける）

必要なもの　特になし

WORKSHOP

①　「コップの水が半分あるとき、『もう半分しか残っていない』と言う人もいれば、『まだ半分ある』と言う人もいます。視点によってとらえ方が変わるのです。今回は、さまざまな視点でものごとをとらえ直してみる試みをしましょう。それでは、2人1組になって、最近仕事や日常で困っていることや悩んでいることを1人3分で話してください。（ブレイクアウトルームに分けてから）まずじゃんけんして話し手と聞き手の順番を決めて、始めてください。それではどうぞ」

視点のとらえ方について説明し、ブレイクアウトルームに2人ずつ分ける。ファシリテーターは1人3分ずつで終わるようにタイムキープする。

②　「（3分経ったら）時間になりました。それでは、聞き手と話し手を交代してください。それではまた3分間どうぞ」

時間になったらブレイクアウトルームはそのままで、話し手と聞き手を交代してまた3分話してもらう。

3 「（一旦メインルームに戻してから）こちらのリフレーミングビューの一覧を見
てください。これらの生物の視点を擬態化して見てみましょう。鳥は、高い空
から全体を俯瞰します。土の中で暮らす虫は、ものごとを掘り下げて細分化し
ます。魚は、水の中で変化に気づき、流れを読んで泳ぎます。蝶は、卵、幼虫、
さなぎとなりそして蝶として羽ばたくため、現状にとどまることを否定して進
化していく存在です。コウモリは逆さにぶら下がっているので、ものごとを反
対の立場から見て考えます。暗い土の中で生きるモグラは、視力が非常に低い
けれども、目で見ようとせず五感で感じようとします」

リフレーミングビューの一覧を見せ、それぞれの生物とその視点の違いについて説明を
する。

リフレーミングビュー一覧 ⬇ **DL**

④ 「今度は、この6つの視点をもとに、話し手は聞き手にさまざまな角度から質問を投げかけてください。例えば、蝶の視点を取り入れて『思い切って捨ててみたらどう?』とか、鳥の視点から『一歩引いてみたら何が見える?』と聞いてもいいですね。聞き手はそれに対して、深く考えずに直感でどんどん答えてみてください。直感的なので、予測しない答えや響かない答えもあるでしょうが、それを大事にしつつ、好奇心を持ってやってみましょう。
では、1人3分間ずつやってみてください。(ブレイクアウトルームに分かれて)
それではどうぞ」

先ほどと同じペアになるようにブレイクアウトルームに2人ずつ分ける。ファシリテーターは3分間タイムキープする。

対話の例

最近忙しくて、仕事のスキルを磨くための勉強時間が確保できなくて…

(虫の視点から)「仕事のスキル」を分けて考えてみたらどう?

自分に必要なスキルを細分化して、できるところから始めてみるといいかも!

(コウモリの視点から)逆転の発想で考えてみたらどう?

そもそも、仕事をこなす中で磨けるスキルもあるかも!

(魚の視点から)今後「必要な仕事のスキル」は変わっていくのでは?

もう一度「必要な仕事のスキル」を洗い出してみる必要があるかも!

⑤ 「(3分経ったら)時間になりました。それでは、聞き手と話し手を交代してください。それではまた3分間どうぞ」

時間になったらブレイクアウトルームはそのままで、話し手と聞き手を交代してまた3分話してもらう。

6 「いかがでしたか？　いま、とても深くうなずいている方もいましたが、どう感じたのでしょうか？　自分の探究心がうずいたことは何だったでしょうか？感想を共有していただけますか？」

話している様子を見ていて、質問によって新たな気づきが生まれた人や意外な視点に気づいた人など、何人か感想を共有してもらう。ファシリテーターが見ていた中でそのように感じられた人を何人か指名してみてもいい。

CLOSING
7 「ありがとうございました。**自分の視点で見ていると、つい1つの視点に凝り固まってしまいますが、こうして意識的にさまざまな視点からとらえてみると、新たな発見や探究心が生まれるかもしれませんね。**ぜひ日常でもやってみてください」

このWSの
ねらい

「意識して多面的にものごとを見るのは、なかなか自分だけでは難しいものです。こうして生物を1つの切り口にして、ほかの人に質問されることで探究心に火がつくこともあります。新たな視点で見ることだけでなく、そこで自分の探究心がうずいたことをさらに追求してもらうのもいいでしょう。解決策に向かっていくといいですが、そこまでたどり着かなくても、新しく出たアイデアを共有し、感想を分かち合うだけでも新たな気づきを得られることがあるのです。凝り固まった頭を少しほぐしてみませんか」

アレンジ！

● 4〜6人で1つのグループを組んで、それぞれ1つの生物の役割を決めてもいいでしょう。問題に対して、モグラ役の人が「頭で解決せず、五感で感じてみたら？」「それってどんな手触りですか？」とモグラ的視点から質問をし続け、鳥は俯瞰的な質問を、蝶は脱皮できるような質問を、とそれぞれの役割に基づいて投げかけます。チームでプロジェクトを行っているときなども、このように視点を変えて問いかけ合っていくと、イノベーションへの道が拓けるかもしれません。

身につくスキル
● チームワーク　● 発想力　● 共創力

自然とつながる

24

組織の理想を見つけるバイオミミクリー

- [ ] 新人研修　　　[✓] 管理職研修
- [ ] 異業種交流　　[✓] 多様性研修
- [✓] チームビルディング　　[ ] 1on1
- [ ] 人材育成　　　[✓] SDGs
- [✓] 学校　　[✓] 地域

90分

案内人
東 嗣了

こんなときに役立つ

● オンラインでの業務に疲れてきたとき

● 自然とのつながりを持って広い視野で考えたいとき

推奨人数　4 ～ 10 人（多い場合はブレイクアウトルームで分ける）

必要なもの　特になし

WORKSHOP

①　「今日は、『チームのありたい姿』について考えていきましょう。いつもの仕事場とは環境を変えて、一度 PC を閉じ、スマホを見ずに、オフラインの時間をつくっていただきます。これから 1 時間ほどお時間を差し上げますので、一旦それぞれのご自宅やオフィスの仕事場を離れて、外に出てください。可能な範囲でかまいません。最初の 30 分間は、みなさんが考える『チームのありたい姿』について思いを馳せながら、身近にある自然の様子に意識を向けて外を歩いてみましょう。五感を使って自然とつながり、そこからインスピレーションを受け取る余地を意図的につくってみてください。そして、後半の 30 分間を使って、近くの公園や道端などにある自然のものを組み合わせて、『チームのありたい姿』を表現してみましょう。石、落ち葉、枝、木の実など、必ず自然物を使って表現してみてください。そして最後に、その作品の写真を撮ってきてください」

まずは、今日のテーマ（そのときの課題に合わせてテーマを設定する）を伝え、これから外にフィールドワークに出てもらうことを伝える。

②「フィールドワークに出ていただくときには、いつもと少し違う視点を持つことを意識してみてください。まずは、ゆったり呼吸に意識を向けていきましょう。歩くスピードをゆっくりにしたり、速くしたりと変えてみる。触ってみたり、匂いを嗅いでみたりと、五感を使い、その時間に集中してみる。**自分の内面と対話する時間を持つことを意識してみてください。**そして、景色をとらえるときにも、**マクロ、中間、ミクロと、視点を変えてみてください。**例えば、木の全体を見る、木の一部を見る、木の節の中を見てみる、といったようにです。1時間経ったら、またオンラインに戻ってきて共有しましょう。それでは、みなさん時間を楽しんできてください！」

フィールドワーク中の視点についてのアドバイスを伝え、60分間外に出てもらう。ファシリテーターも、実際に同様に外に出て体験を共有できるといい。

③「（60分経って参加者がオンラインに再び集まったら）、みなさんおかえりなさい。外を歩いてみていかがでしたか？ テレワークで毎日パソコンと向き合う時間が長い中、少し外に出て、自然とつながる体験をしていただきました。みなさんが描いたチームの姿や作品も気になりますが、まずは**外に出て自然とつながった体験や感想、いまの心と体の状態などをみんなで共有していきましょう**」

創作した作品、チームのありたい姿に意識を向けず、まずは外へ出て歩いてみた体験、注意深く自然を観察してみての体験や感想を共有していく。

④「それでは、お一人ずつ撮ってきた写真を共有しながら、**自然界からどんなインスピレーションを得たのか、考えた『チームのありたい姿』を共有してください。**ここにいる仲間が願っているチームの姿を評価判断なく受け止め、一緒にイメージしていきましょう」

ここで大切なのは、作品の良し悪しの対話にならないよう全体に伝え、ファシリテートしていくこと。表現された作品から伝わってくるインパクトや、見えない背景や意図を共有し、そこに共感していくことが重要になる。一人ひとりが発表して終わりではなく、この作品を通してみんなが願っているチームの姿を語り合える場をつくることを目指していく。順番に写真を見せながら発表してもらう。

バイオミミクリー（Biomimicry）

自然の叡智（形やプロセスやシステム）に興味を持ってつながり、そこから模倣し、循環型・再生型の経営や社会をつくっていくアプローチ。人間界のビジネス課題や社会課題を解決するうえで、生物学や自然とのつながりから、より具体的なソリューションを生み出す未来の学問として注目を集めている。1980年代初頭に「バイオミミクリー」という言葉が現れ、科学者、作家であるジャニン・ベニュスが1997年に出した書籍（邦訳『自然と生体に学ぶバイオミミクリー』、2006年、オーム社）によって広まった。

バイオミミクリーの例

洋服にくっつく植物、オナモミからマジックテープが生まれたと言われている

南米に住む「森の宝石」と呼ばれるモルフォ蝶。「構造色」と呼ばれる、色素を持たないエコな発色が、スマホや自動車などの分野で取り入れられている

5　「ありがとうございました。自然とつながることで頭がクリアになり、自分の深いところに眠っている思いや本当に願っている姿が明らかになったかもしれません。それをここにいる仲間と共有できたことで、大きな変化が生まれていくでしょう。対話の中で表出してきた自分たちの理想のチームに、少しでも近づくために何が必要でしょうか？　具体的な行動やあり方の第一歩を考えてみましょう」

人数が多すぎるようならばブレイクアウトルームに分かれ、チームごとに話す時間を10分程度とる。参加者が願っているチームの姿が共有され、共感されるプロセスだけでもチームの関係性に大きな変化をもたらす。さらに、具体的な行動やあり方についても対話ができると、この場限りで終わらない継続的な変化につながっていく。

6 「（メインルームに戻してから）自然の中にある形やプロセス、システムなど自然の叡智から学んだことを、具体的な方法論へと活かしていく学びを『**バイオミミクリー**』といいます。自然の叡智に興味を持ってつながり、そこから模倣し、循環型・再生型の経営や社会をつくっていくアプローチです。人間界のビジネス課題や社会課題も、自然とのつながりや生物の生態から学ぶことで、より具体的なソリューションを生み出すことができます。自然とつながりインスピレーションを得る今回の体験は、バイオミミクリーの世界への入り口でもあります。さらに注意深くテーマを持って観察・模倣していくことで、新たなアイデア創出につながっていくでしょう」

フィールドワークと今回のテーマや組織、仕事などをつなぐ意味でも、バイオミミクリーの考え方について説明できるといい。

7 CLOSING
「PCやデスクに向かって考えているときとは異なる、新たな発想がみなさんの中から生まれてきたのが感じ取れましたね。ぜひ、ときどきこうした自然とつながる時間を持つことを大切にし、**自然から学ぶ時間を大事にしてみてください**」

このWSのねらい

「オフィスでも自宅でも、私たちは長時間PCに向かって仕事することが増えました。テレワーク疲れも大きな問題になってきています。一方で、歴史的に人々は自然から多くのことを学んで取り入れることで、イノベーションを起こしてきました。時には意図的にオフライン環境に身を置き、自然の中に入っていってみましょう。自分の内面と対話する時間を持ち、五感をフルに活用して、自分のチャネルを開いてみる体験です。このWSで、リアルとオンラインをつなげ、新たに得た体験と気づきを共有しましょう」

アレンジ！

●時間があれば、互いにシェアした後に4〜6人のグループに分かれて、それぞれ撮ってきた写真と考えをさらにチームとして1つにまとめるワークをしてもいいですね。また、作品づくりや写真ではなく、手描きのスケッチもおすすめです。お互いの考えやアイデアを合わせることで、さらに発展したものが生まれますし、チームとしてみんなで作り上げていくという意識も醸成できるでしょう。

身につくスキル

● **内省力** ● **コミュニケーション力** ● **共創力**

SDGs かけ算イノベーション

25

カードで新たな解決策を模索しよう

- [ ] 新人研修　[✓] 管理職研修
- [ ] 異業種交流　[ ] 多様性研修
- [✓] チームビルディング　[ ] 1on1
- [ ] 人材育成　[✓] SDGs
- [✓] 学校　[✓] 地域

60分

案内人
東 嗣了

● SDGs を切り口にしたアイデアやイノベーションを生み出したいとき
● パートナーシップ、協働の必要性を体感したいとき

推奨人数　4〜8人（多い場合はブレイクアウトルームで分ける）

必要なもの　アイデアカード（事前に自作する社会課題カード 5 枚、リソースカード 5 枚）、Google Jamboard

---

WORKSHOP

①「SDGs が企業、自治体、そして学校教育の現場など、あらゆる組織において扱われる時代となりました。SDGs を理解するステージは過ぎ、今後はそれを自分たちの組織の文脈でどう実践していくかが課題となります。あらゆるアプローチがある中で、今回は、オンライン上でアイデアを生み出す WS に取り組みましょう。このワークを通して、自分たちの強みの認識と、パートナーシップによるイノベーションの可能性を実感し、既存の枠を超えた施策へ結びつけていくことができます」

まずは、SDGs がいかに自分たちの組織との関わりがあるかについて、イントロダクションとして説明することで身近に感じてもらう。ファシリテーターは事前に、社会課題を書いたカードとその解決の糸口となるリソースカードを複数枚作っておく。参加者の所属や属性に合わせて自由に作成する。または、「かけアイ」（http://kake-ai.com/sustainable/）など、それに特化した市販のカードを使ってもいい。

② 「では、実際にかけ算によるアイデア創出の可能性を体験していきましょう。ここに社会課題カードが5枚、リソースカードが5枚あります。社会課題カードには、SDGsに関連するような社会課題がランダムに書かれています。そして、リソースカードには、課題解決に向けた切り口としての手段、リソースなどが書かれています」

ファシリテーターは、いくつかのカードを事例として画面上に見せながら説明する。

自作カードの例

社会課題カード	リソースカード
熱中症の多発	スマートフォン
コロナによる 高齢者の引きこもり	動物園
プラスチック ゴミの海洋流出	電気自動車
地元の 農産業の衰退	留学生
子どもの 教育格差	森

3 「これから、私が各カードを1枚ずつランダムに引いてみなさんにお見せします。最初に引く社会課題カードの課題と、次に引くリソースカードの内容をかけ合わせてみることで、解決に向けたどんなアイデアが生まれるでしょうか？実現できるか、できないかは脇に置いて、まずはアイデアの数をどんどん出していきましょう！　アイデアの質より量が大事です。そして、アイデアが出たら、どんどんオンラインチャットに書き込んでみてください」

ファシリテーターは、社会課題カードとリソースカードのそれぞれを1枚ずつ引いてみせる。そして、参加者にチャットに書き込んでもらい、その中からユニークな内容を取り上げてコメントしながら共有していく。まずは練習の位置づけで、楽しくアイデアを出していくプロセス、かけ合わせによる発想の広がりを体感してもらう。

4 「今度は、自分たちの組織に当てはめて考えてみましょう。大きく3つの切り口で整理していきます。最初に、『解決したい社会課題、ありたい未来像』です。Google Jamboard（以下、JB）を使い、思い浮かぶ社会課題を付箋に1つずつ書き込んでください」

JBを使い、それぞれ思い浮かぶ社会課題をいくつでも付箋に書いていってもらう。10分ほどタイムキープする。

5 「次に、『自社の強み』をリソースとして挙げていきます。同様にJBに付箋で書き込んでいきましょう」

図のように、付箋の色をテーマごとに変えて書き込むと見やすくなる。10分ほどタイムキープする。

SDGsかけ算イノベーションJBの例

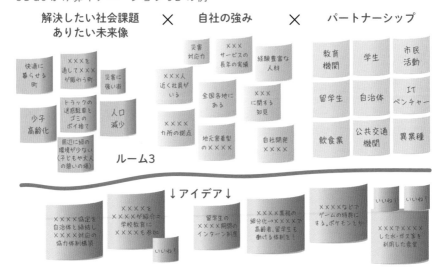

(6) 「続いて、自分たちの組織以外のリソースとして、『パートナーシップ』を書き出していきます。どんなパートナー、ステークホルダーと協働したいでしょうか？　思い浮かべてみてください。実現性はここでも一旦脇に置き、自分が協働してみたいと思うパートナーを挙げて、付箋に書き出してみましょう」

現在関わりのないパートナーでもかまわないので、自分が協働してみたいと思う組織や人、団体、ステークホルダーなどを書き出してもらう。10分ほどタイムキープする。

(7) 「最後に、JBの下部にアイデアを挙げていきます。先ほどの練習のイメージで、どんどん付箋に解決策のアイデアを書き出してみてください」

ファシリテーターは15分ほどタイムキープしながら、出てきたアイデアにときどきコメントできるといい。重要なのは、ファシリテーターがアイデアを否定せず、しっかりと受け止め、「いいですね！」「おもしろいですね！」と承認すること。

CLOSING
(8) 「みなさん、どんな体験でしたか？　実際にどんな可能性が見えてきましたか？イノベーションは既存の枠組みから決して生まれません。さらに自分たちだけの力でも限界があります。意識の境界線、分野の境界線を越えて協働していくことで、持続可能な未来につながっていきます」

**このWSの
ねらい**

「企業や団体では近年、SDGsに取り組むことが不可欠の課題となっています。しかし、よく耳にするのは『我が社でできることを何か考えてくれ』など曖昧なまま担当者に丸投げされてしまったり、具体的に何をしたらいいのかわからないという悩み。そこで、実際にある社会課題と自分たちの組織の強みをかけ合わせることで、もっと身近かつすぐに取り組める内容へと落とし込んでいくWSをご紹介しました。ここで生まれたアイデアから具体的な施策に落とし込んでいくなど次の展開につながっていくでしょう」

アレンジ！
● 今回は個人で取り組んでいますが、チームに分かれて作業してもいいでしょう。また、まちづくりを地域などで行う場合にも、多様なバックグラウンドや世代の人が集まり、さらに広い課題が見えてくるはずです。

身につくスキル
● 協働力　● 発想力　● 社会課題解決力

広江 朋紀

オンラインプレゼンを成功させるコツ

　テレワーク時代において、プレゼンテーションの重要性が格段に高まりました。オンラインでは、視覚と聴覚に情報が限定されるため、見せ方や伝え方が一層重視されるからです。

カメラ目線をしっかりと

　忘れてはならないのが、「カメラ目線」。ギャラリービューに映った参加者の顔を見ると、視線が外れてしまいます。あたかも目の前にいる「あなた」に話しかけているという真摯な姿勢を伝えるには、「カメラ目線」で話すことが重要です。

　慣れないうちは、PCのカメラ位置に目印となるシールを貼り、練習するのもよいでしょう。

　オンラインプレゼンのメリットは、話し手は複数人に向けてプレゼンしているにもかかわらず、**話し手と聞き手の1対1の関係をつくり出しやすい**ということです。

　特にカメラ目線で語りかけられることで、聞き手は話し手と目が合い、自分自身に向けて話してくれていると、いい意味で錯覚します。

　さらに効果的なのは、**主語を話し手視点ではなく、聞き手視点に変える**ことです。例えば、「× 私がみなさんに伝えたいことは」→「〇 あなたに持って帰っていただくポイントは」というようにです。

ノンバーバル（非言語）コミュニケーションを豊かに

　そして、画面に映る上半身、視線、表情、口角、手の動きを中心とした、ノンバーバル（非言語）コミュニケーションを豊かに実践しましょう。

　まず、口角を上げる。しかめ面では、負のインパクトを与えてしまいます。キーワードは、「ルック・スマイル・トーク」と覚えてください。画面に登場したら、いきなり話し出さない、まずカメラで参加者を見る（ルック）。次に、微笑む（スマイ

ル）。それから、話し始める（トーク）。トーク開始までのわずか2秒が、参加者への印象を変える魔法の時間になります。

　そして、へそに意識を向け体の中心軸をぶらさないようにし、手に動きを出します。画面は2次元なので、どうしてものっぺりとして見えてしまいます。そのため、**動きは左右より奥行きを意識し、画面に向かって手を近づけたり遠ざけたりすることを意識する**と、3次元の立体感が出ます。

緊張をほぐす早口言葉

　最後にプレゼン前の緊張ほぐしにもなる、すぐに使える早口言葉をご紹介します。

かけっこでコケ
かけた過去

ラバかロバかロバかラバか
わからないので
ラバとロバを比べたら
ロバかラバか
わからなかった

おっとっと、とっとってって
言っとったのに何で
とっとってくれんかったと？
っていうとうと！
（博多弁でイラっとしながらどうぞ！）

　プレゼンに慣れていないと、噛んだり言い間違えたりしたらどうしよう、と本番前に緊張してしまいます。そういうときは、口調を滑らかにするための早口言葉にトライしてみてください。

　早口言葉は、意外に難しく、やってみると失敗することが多いです。でも、**本番前に軽く失敗しておけば、緊張を和らげることにつながる**のです。お守り代わりにやってみてください。

Part

4

リフレクション編

WS や研修、会議の場を
有意義なものにするには、
しっかり振り返り、
今後のアクションに結びつけることが必須です。

AWT（Awareness / Wall / Try）

26 学びや 気づきの 定着を図る

☑ 新人研修　　☑ 管理職研修
☑ 異業種交流　☑ 多様性研修
☑ チームビルディング　☐ 1on1
☑ 人材育成　　☐ SDGs
☐ 学校　　☐ 地域

20分

案内人
広江 朋紀

こんなときに役立つ
- WS や研修などで、学びや気づきを最大化させたいとき
- 情報量が多い学習機会の後に学びの定着化を図りたいとき

推奨人数　5 〜 30 人程度

必要なもの　同時編集用 AWT スプレッドシート

WORKSHOP

①「ここまで進めてきた WS もいよいよ振り返りの時間です。その前にみなさん、エビングハウスの忘却曲線って知っていますか？　ドイツの心理学者だったエビングハウスによれば、人は得た知識や情報を時間の経過とともに忘却してしまうそうです。せっかく学びの場で得られた気づきも、振り返りをしなければ忘却の一途をたどってしまう。そうならないためにも、しっかりと振り返りをして、気づきを整理し、職場でも定期的に振り返りブラッシュアップする機会をつくりましょう」

※エビングハウスが行った実験の被験者は、20 分後には 42%、1 時間後には 56%、1 日後には 66%、6 日後には 75%、1 カ月後には 79% を忘却したという。

振り返りの必要性を理解するため忘却曲線の話をすると、目的意識が高められる。

②「それでは、スプレッドシートを開いてください。AWT は、Awareness（気づき）、Wall（壁）、Try（挑戦）のそれぞれの頭文字です。A は WS で気づいたこと、業務に活かせると思ったヒントなど。W は、その気づきを実行していく際に、壁や葛藤になりそうなこと。T は、その壁を乗り越えていくチャレンジ、最初の一歩です。10 分ほど時間をとるので、じっくり振り返り自分の名前の書かれた欄に

記載していってください」

事前にスプレッドシートを作り、チャットなどで共有する。ファシリテーターは 10 分
ほどタイムキープする。

AWT スプレッドシート

	Awareness（気づき）	Wall（壁）	Try（小さな挑戦）
	心に響いた気づき、実践に活かしたいと思ったことなど	実践するうえで生まれる具体的な壁や葛藤など	壁や葛藤を乗り越える最初の一歩、すぐにできる実験など
広江			
林			
小野			

（3）「記入できましたか？　オンラインのメリットは、同時にシートに書き込みができることですよね。お互いの書き込んだ内容を見てみましょう」

全員、記入が終わったらスプレッドシートを Zoom 画面に表示し、最も参考になったり
刺激をもらったりした気づきにスタンプを押すなどして分かち合ってもいい。

CLOSING（4）「自分の気づきの整理だけでなく、ほかの人の気づきや知恵も見ることができ、参考になったと思います」

このWSのねらい

「振り返りの時間は、新しいことを学んだり実践したりする時間ではないので、参加者の意欲が低下しがち。だからこそ、振り返りの意義や必要性について伝え、前向きな参加姿勢を引き出しておきたいですね。学びの定着を促進して各自のコミットメントを引き出すこと、そして全員で気づきを分かち合うことで、WS の学び、気づきを最大化することが必要です」

アレンジ！

● WS の最後にまとめて AWT をするのではなく、モジュールごとにこまめに振り返るのも、ステップアップ感がありおすすめです。また 1 カ月後に全員に AWT シートを共有し、進捗を確認したり実践で得られた気づきを共有したりする場をつくってもいいですね。学びをその場限りで終わらせない努力が必要です。

身につくスキル

● 内省力　● 段取り力　● 協調性

KPT 法

27

プロジェクトを 肯定的に 振り返る

- ☑ 新人研修　☑ 管理職研修
- ☐ 異業種交流　☐ 多様性研修
- ☑ チームビルディング　☐ 1on1
- ☑ 人材育成　☐ SDGs
- ☐ 学校　☐ 地域

⏱ 40分

案内人 松場 俊夫

こんなときに役立つ

- ● 終わったプロジェクトを体系立てて見直したいとき
- ● その日の研修や講習の学びを定着させたいとき

推奨人数　6 〜 8 人程度

必要なもの　Miro（https://miro.com/）や Google Jamboard

WORKSHOP

①　「これまで行ってきたプロジェクトをチームで振り返ります。KPT 法を用います
が、まずは K の Keep です。今回のプロジェクトでよかったことは何でしょう
か？　成功要因を改めて考え、このまま継続していったほうがいいことなどを、K
の欄に書き込んでいきましょう。では、思いついた方から書いていってください」

Miro や Google Jamboard を使って、K、P、T と 3 つのスペースを先に作っておき、そこ
に参加者に書き込んでもらうといい。K、P、T のそれぞれで付箋の色を変えるとわかりや
すい。直接書き込むのが難しそうな場合には、思いついた内容をチャットで送ってもら
い、ファシリテーターが画面共有しながらリアルタイムで貼り付けていってもいい。参
加者の書き込みの様子を見ながら、5 〜 10 分ほどタイムキープ。書き込む内容がすぐに
浮かばない様子なら、チームで話し合いながら検討するようにうながす。

KPT 法

K（Keep）：このまま継続すること・うまくいったこと

P（Problem）：課題・問題点

T（Try）：解決策・新たに実践すること

---

(2)　「では、次に P の Problem です。**今回のプロジェクトで抱えていた問題点や課題は何でしょうか？**　思いつく方から P の欄に書き込んでいってください。チームで相談しながらでも、個人で思うことでもかまいません」

次は P の欄に書き込んでもらう。相談しながら進められる雰囲気ができるといい。ファシリテーターは、様子を見ながら 5 〜 10 分ほどタイムキープする。

(3)　「最後に、T の Try です。Keep や Problem の内容を受けて、**解決策や新たに実践することを、改めて話し合いながら書き出していってください**」

T の欄に書き込んでもらう。ファシリテーターは、様子を見ながら 5 〜 10 分ほどタイムキープする。

CLOSING
(4)　「今回振り返ったことを改めてチームで見返し、ぜひ今後の挑戦へと活かしていってください」

このWSのねらい

「これは、米国のプログラマーであるアリスター・コーバーンが発案した KPT 法をオンライン用にアレンジしたものです。プロジェクトやイベント、試合など、何かの取り組みが一段落したときの振り返りに使えます。重要なのは、反省点からではなくよかった点から振り返りを始めること。反省から始めると、前向きな話し合いが難しくなります。そして、書き込むときに声をかけ合えば、自分だけでは得られなかった気づきも得られるでしょう。時間があれば 1 つ 30 分程度かけてしっかり取り組んでもいいですね」

アレンジ！

● 今回はチームで振り返りを行いましたが、大きなプロジェクトの節目になるときや、時間にゆとりがあるときには、書き出す前に話し合いを行って 1 人が書記となって書き出したり、個人でそれぞれ書いてからチーム全体で話し合ったり、というようにステップをとり、話し合う時間を多くとれるといいですね。チームで取り組んできたことでも、個人の視点から見るとまた違った意見や経験があったはずです。それを改めて共有するチャンスにもなります。

身につくスキル
● 内省力　● チームワーク　● 問題解決能力

テキストマイニング感想文

28 浮かび上がる キーワードから 宝を探そう

☑ 新人研修　　☐ 管理職研修
☐ 異業種交流　☐ 多様性研修
☑ チームビルディング　☐ 1on1
☑ 人材育成　☐ SDGs
☑ 学校　☑ 地域

30分

案内人
児浦 良裕

こんなときに役立つ

● 感想文やまとめを書いたままで終わってしまっているとき
● 一人ひとりの気づきをもっとみんなで共有したいとき

推奨人数	6 〜 30 人程度
必要なもの	AI テキストマイニング（https://textmining.userlocal.jp/）などのテキストマイニングサイト、Google Jamboard

---

WORKSHOP

1 「今回のプロジェクトの感想を、一言ずつでかまいませんので順番に教えてください。自分が学んだことや得たスキルなどを中心にお話ししてみてください。では、お願いします」

1 人ずつ話してもらうのを聞きながら、ファシリテーターは出てくるキーワードをテキストマイニングサイトに入力していく。このとき、文章そのものではなく、単語で入力するようにする。例えば、「メンバーと協働することで、イノベーションが起きるのを感じた」という発言があったら、「協働」「イノベーション」というキーワードを入力する。同じ意見や言葉が出ても、何度でも入力する。ファシリテーターは、全員分を次々と入力していく。人数が多い場合、スプレッドシートやフォームにキーワードを入力してもらい、ファシリテーターがまとめてテキストマイニングサイトに入力する。

2 「ありがとうございました。では、みなさんから出てきた感想から、今回の学びや得たスキルにどんな意見が多かったのか、テキストマイニングで見てみましょう。（テキストマイニングしたものを画面共有で見せて）大きく表示されている言葉ほど意見が多かったものです。○○という言葉が出ていますが、これは具体的にどんな体験から発想したのか、どなたか共有していただけますか？」

テキストマイニングで入れた文字をワードクラウドとして表示し、全体に画面共有する。多かった言葉や、全体に気づいてほしい言葉などあったら、ファシリテーターはそれを取り上げてその言葉を選んだ参加者にそれにまつわる体験や思いを共有してもらう。

必要　協力
協働
アイデア　傾聴
協調　勢い
多様性　新機軸　イノベーション
やる気
ストッパー　リーダーシップ　積極性
責任感　行動　出る

※ User Local ウェブサイトより

③ 「では、テキストマイニングを見て、あなたが印象に残ったキーワードはどれでしょうか？ そして今後自分がそれをどう取り入れたり、改善したりしたいでしょうか？ 自分が取り入れたいキーワードを入れながら、自分のスローガンを考えてみましょう」
Google Jamboard などを使い、自分の次のスローガンを考えて書き込んでもらう。

CLOSING
④ 「こんなに異なる経験やスキルが挙げられました。次の目標に向け、ぜひキーワードを頭に入れながらトライしていってください」

このWSのねらい

「経験やそこから得る学びは、一人ひとりで異なりますが、時にはそれを集めて眺めることで、互いに気づきが得られることがあります。言葉もビジュアル化してみると、普段は見逃しがちなことも浮かび上がってきます。プロジェクトなどだけでなく、数学の授業で『形といえば？』というようなお題でやってみることもあります。すると、1つのことに対して多様なイメージや見方があることに気づかされるのです。ほかの人の視点を借りることで、多角的にものごとをとらえられる WS の1つです」

アレンジ！

● これをチームに応用して、さらにチームで大切にしたいことやスローガンを考えてもいいでしょう。
● 言葉ではなくビジュアル的なものに落とし込んでもいいですね。チームのロゴをデザインしてみたり、リアルの現場ならば廃材や画材を使って共同アートを作ってみたり。みんなで作り上げるおもしろさが楽しめるでしょう。

身につくスキル
● 共創力　● 内省力　● コミュニケーション力

パターンカードで振り返り

29 学びを次の チャレンジに つなげる

- ☑ 新人研修　☑ 管理職研修
- ☐ 異業種交流　☐ 多様性研修
- ☑ チームビルディング　☐ 1on1
- ☑ 人材育成　☐ SDGs
- ☑ 学校　☐ 地域

40 分

案内人
児浦 良裕

こんなときに役立つ

- 自分たちのこれまでのプロセスや成果を振り返りたいとき
- プロジェクトなどが終わって整理したいとき

推奨人数	4 ～ 6 人（多い場合はブレイクアウトルームで分ける）
必要なもの	カテゴリー表、ラーニングパターン・カード、Google スライド、Google Jamboard

WORKSHOP

①「（そのときに取り組んでいるプロジェクトやテーマに合わせて）これまで行ってきたプロジェクトが一段落したので、改めてみなさんで振り返ってみたいと思います。Google スライドに、3 つのカテゴリーを用意しました。『○実践できた』『△少し実践できた』『×実践していない』の 3 つです。このページに貼ってある『ラーニングパターン・カード』を、ご自分が実践できたかどうかを振り返りながらこの 3 つに割り振っていってください。15 分ほどお時間を差し上げますので、どうぞ」

事前に Google スライドなど参加者がアクセスできるものに 3 つのカテゴリー表を作成しておき、共有する。同様にラーニングパターン・カード（慶應義塾大学 湘南藤沢キャンパス 井庭研究室）を画像として 1 カ所にまとめて、アクセスできるようにしておく。Google Jamboard を使用してもいい。各自で 40 枚のカードを 3 つのカテゴリーに分けてもらう。ファシリテーターは、全体の様子を見ながら 15 分ほどタイムキープする。

ラーニングパターン一覧

【Core】

創造的な学び：自分なりの学びをデザインする。

学びのチャンス：学びの機会は、自らつくり出すものだ。

つくることによる学び：「覚える」学びから、「つくり、実践する」なかでの学びへ。

学びをひらく：自分のなかに閉じていた「学び」をひらけば、新たな発見の可能
性がひらかれる。

【Opportunity】

まずはつかる：よくわからないからこそ、まずはどっぷりつかってみよう。

まねぶことから：学ぶことは、真似ることから。

教わり上手になる：適した質問ができれば、グッと前に進める。

アウトプットから始まる学び：インプットだけが、学びの出発点ではない。

外国語の普段使い：ちょくちょく使っていれば、身体も心も慣れてくる。

学びのなかの遊び：興味があることと絡めれば、学びはもっと楽しくなる。

学びの竜巻：スポンジのように吸収する学びから、自ら絡めとる学びへ。

知のワクワク！：知的な興奮、アカデミックな感動を楽しもう。

量は質を生む：大量の情報は、理解や思考の飛躍を起こす。

身体で覚える：意識しなくても自然に使えるようになるまで繰り返す。

言語のシャワー：じゃぶじゃぶに浴びていると、意外と身につくものだ。

成長の発見：昨日の自分と、今日の自分。そのわずかな違いに敏感になる。

【Creation】

動きのなかで考える：手を動かしたり、足を運んだりすることで、思考は深まる。

プロトタイピング：形になるといろいろな面が見えてくる。

フィールドに飛び込む：行ってみないと、わからないことがある。

鳥の眼と虫の眼：その二つの視点を行き来する。

隠れた関係性から学ぶ：意外なつながりこそ面白い！

広げながら掘り下げる：深く深く掘るためには、まわりも掘らなければならない。

探究への情熱：情熱がもてないことを、最後までやり抜くことは難しい。

右脳と左脳のスイッチ：論理と感性、その両方が必要だ。

小さく生んで大きく育てる：何度もバージョンアップさせて大きな成果へ。

魅せる力：ただ「見せる」だけでは足りない。

「書き上げた」は道半ば：自分がわかるために書き下ろし、他の人がわかるよう

に書き直す。

ゴール前のアクセル：ゴール直前では、その先を見据えて思い切り加速する。

【Openness】

学びの共同体をつくる：独りで学ぶ必要なんてない。

偶有的な出会い：ちょっとした行動がもたらす大きな出会いがある。

ライバルをつくる：互いに刺激し、高め合う仲間を見つける。

はなすことでわかる：自分の考えを「話す」ことは、自分からその考えを「離す」こと。

教えることによる学び：人に教えると、自分にも学びがある。

断固たる決意：決意をカタチにする。

自分で考える：「なぜ？」という気持ちを忘れない。

目的へのアプローチ：その道は本当に目的地につながっているだろうか？

捨てる勇気：囚われていたものを捨てると、新しい可能性を得ることができる。

フロンティア・アンテナ：最先端を知らずして、最先端を切りひらくことはできない。

セルフプロデュース：自分で自分の「プロデューサー」になる。

突き抜ける：極限まで突き抜けてはじめて未来をつくることができる。

2　「分けられましたか？　それでは、少し実践できたこと、もしくは実践できていないことの中から、今後自分が取り組みたいものに太陽マークをつけてください。いくつでもかまいません」

各自、実践できていないことの中から、取り入れたいものにマークをつけてもらう。今回は太陽マークにしているが、別のものでも OK。全体の様子を見ながら 2、3 分タイムキープをする。

3　「では、チームに分かれ、これまで作ったものをお互いに共有してみましょう。みなさんが『今後取り組みたいマーク』をつけたものを見せ合い、その理由を順番に説明してください。（ブレイクアウトルームに分けてから）ではどうぞ」

4〜6人程度のブレイクアウトルームに分ける。ファシリテーターは、年功序列などにならないように最初の人や順番を指定してもいい。全員に順番が回るように10〜15分ほどタイムキープする。

④ 「チームの中で出てきた『今後取り組みたいもの』を参考に、今後チームとして次にチャレンジすることを相談して、今後のチャレンジ宣言にしましょう。そして、『**チームのチャレンジ宣言**』ができたら、今度は自分自身がチャレンジすることとして『**自分のチャレンジ宣言**』を書きましょう。では10分ほどお時間を差し上げますので、相談して書いてください」

ブレイクアウトセッションのまま、今度はチームとしての次のチャレンジと自分のチャレンジに具体的に落とし込んでいく。できれば、事前にその2つを書き込めるシートなど用意して共有しておくといい。ファシリテーターは全体を見ながら10分ほどタイムキープする。

^{CLOSING}
⑤ 「できましたか？　今回のプロジェクトで学んだこと、実践できなかったことから次の課題が見えてきましたね。今回書いたチャレンジ宣言のように、具体的なアクションに結びつけていきましょう」

**このWSの
ねらい**

「プロジェクトなどを行った後の振り返りは、どうしても反省会になりがちです。しかし、重要なのはそこからどう次へと向かい、学びを活かしていけるかではないでしょうか。ただ『改善する』と言っても、明確に行動に移すのは難しい。そこでパターンカードなどを活用し、自分ができていたこと、そうでなかったことは何かをより明確に認識し、次の学びへつなげます。一人ひとりの目標、チームとしての目標、両方がそろって前に向かっていけると、次はきっとさらなる学びが待っていることでしょう」

アレンジ！
●時間があれば、この後に各自が決めたチャレンジ宣言をゴールとしたレーダーチャートを作り、それに向けてどのように具体的に実践していくのかタイムラインで考えてみましょう。チャレンジ宣言を言葉だけで終わらせず、まず明日から何ができるのかという身近なことに落とし込むと、行動に移しやすくなります。

身につくスキル
● コミュニケーション力　● 共創力　● 段取り力

エンドロール・チェックアウト

30 全員で つくった場の 気づきを共有

☑ 新人研修　☑ 管理職研修
☑ 異業種交流　☑ 多様性研修
☑ チームビルディング　☐ 1on1
☑ 人材育成　☑ SDGs
☑ 学校　☑ 地域

⏱ 5 分

案内人
東 嗣了

こんなときに役立つ

● 大人数でも全員の感想を共有したいとき
● 短時間で全員の学びを分かち合いたいとき

推奨人数　何人でも OK

必要なもの　特になし

WORKSHOP

①　「今日の WS はいかがでしたか？　いまから、これまでの学びと気づきを一人ひとり言葉にしながら、この WS を終えていきたいと思います。少し手を休めて、この場で起こったことをゆっくりと頭の中で振り返ってみましょう。印象的だった言葉や体験、自分の中に起こった感覚を思い出してみてください」

ゆっくりとした関わり方で、学びと気づきのリフレクションの時間をつくる。必要に応じて、今日実施した WS のハイライトをいくつか伝えることで、記憶を呼び覚ます。

②　「それではみなさんが得た学びや気づきの言葉、今後に向けた具体的な行動などを、この場に共有する最後の言葉としてチャットに書き込んでください。しっかり自分と向き合い、内なる言葉を評価判断なくそのまま書いてみましょう」

参加者にこれまでの学びや気づきを一斉にチャットに書き込んでいってもらう。長文を書くよりは直感的に書き込んでもらうようにする。

● この WS や研修を通して何に気がついたか？
● 自分の中でどんな意識の変化が起こったか？
● 具体的にどんな行動を選択していくか？
● 仲間への感謝の気持ち
　　　……など

3 「みなさんのコメントが、映画のエンドロールのように次々流れていきます。お互いの学びや気づきに目と耳を傾けてみましょう。『〜〜〜』という方もいますね。ほかにも『〜〜〜』という気づきもあったんですね」

ファシリテーターが気になるコメントなどを次々読み上げたり拾ったりして、共有していく。可能な限り、全部読み上げる。チャットの言葉が、「おつかれさまでした」「楽しかったです」などにとどまってしまうなら、一度止めてもっと気づきや学びなどへと考えを深めてもらえるように期待値を伝え、内省の時間をとり、その後再度行うといい。

CLOSING
4 「ありがとうございました。みなさんがこの場で感じたこと、気づきや学び、今後に向けての決意が伝わってきました。エンドロールのように流れたこれらの言葉が、きっと大きな変化をつくり出していくことと信じています」

**このWSの
ねらい**

「これは、実はオンライン WS の時間が足りなくなり、急遽感想を書き込んでもらったという失敗から生まれたアイデアでした。しかし、文字にすることで思いが見える化でき、互いの気づきが深まり、コメントの質もどんどん上がっていくことがわかったのです。ファシリテーターがコメントを拾って読み上げていくことで、文字情報とともに音の情報としても入ってくるので、しっかりとクロージングの場ができあがっていきます」

アレンジ！
● チャットに書き出してもらう前に小グループで内省の時間をとったり、互いの書き出したコメントにさらに気づきのコメントを重ねていってもいいですね。

身につくスキル
　　　　　　　● 内省力　● 共創力　● 論理的思考力

児浦 良裕

学校現場のオンライン化

2020 年初春、新型コロナウイルスが日本に到来したとき、まず最初に影響を受けたのが休校となった学校でした。非常事態宣言に入る 1 カ月以上前に、学校は突如休校となり、対面を基本として組み立てられていた日本の学校教育には激震が走りました。

もちろん私が教鞭をとる私立中高一貫校でも、休校となった当初、教員たちは対応に追われ、学校としてどのような方針をとっていくのか何度も会議を重ねました。すでに ICT を学内に取り入れ、授業の中でも使っていたので、教員も生徒も多少の慣れがあることは幸運でしたが、それでも毎日の授業をオンライン化するのは簡単ではありませんでした。

私は教師になる前、教育会社で 16 年間、営業・マーケティングや商品開発、マネジメントをしていました。働くフィールドは変わったものの、学校も企業も組織のビジョンを共有しておかないと、目指す方向にきちんと進んでいかないというのは同じです。

コロナ禍による休校やオンライン授業、自粛、テレワークなど、学校も企業も大きな課題に直面し、転換期を迎えました。学校でも企業でも大事なのは、このオンライン転換をどうとらえるかではないでしょうか。

コロナ禍の「いま」だけに集中すると、「とりあえず乗り切って、落ち着いたら戻そう」と一時しのぎの対策にしかなりません。目先のことしか見えていないと、会社も社員も、学校も生徒も、振り回されるだけで不幸な結果を招きかねません。社員も生徒も、企業や学校がどう動くのかこれまで以上に注目していますし、ビジョンなき一時的な対策にはモチベーションが落ちてしまうでしょう。

一方で、この混沌とした状況の中でも**「コロナ後には、きっとこういう世界になるだろう。だからこそ、それに向けていまどう動くのか」**とビジョンをきちんと描いている企業や学校は、まったく違う動きをしていました。まさに、リアルの世界がデジタルの世界に包含される「アフターデジタル」の時代が到来することを見据えているのと同じです。

私たちの学校では、学校として目指す授業や学びを **ICE モデル**（カナダのスー・ヤング博士が中心となって開発された学びのモデル）に落とし込みました。

　　Ideas：知識の定着
　　Connections：知識の活用
　　Extensions：課題の解決・価値の創造

　そしてこれらの学びは、学校方針である「For Others」、つまり他者のために、世界のために向けて使われるものであるべきだという軸を大切にしています。

コロナ禍におけるオンライン学習の全体像

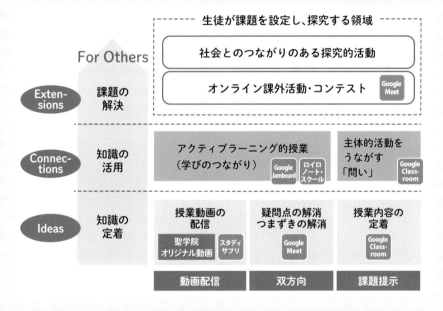

Ideas：知識の定着

　これまでの学校教育では主に、最初の Ideas、知識の定着に多くの時間が割かれていました。しかし、実はこうした「**知識の定着」こそオンラインのほうが向いている**ことに気づきました。

　授業では 1 対多、先生対生徒で説明が行われますが、オンライン動画であれば繰り返し見たり、ストップしたりすることもでき、それぞれの理解度に合わせて学ぶことができます。

それと同時に、その知識を定着させるための小テストを Google フォームで作成し、チェックしたり、オンラインで質問ルームを開いてリアルタイムで個別に答えたりすることもできます。これも、教室で質問があったら全員の動きを止めて答えなくてはいけませんが、オンラインならば必要な生徒だけ参加して個別で時間をとることができます。さらに、学内では Google Classroom を整備していたほか、その他のアプリも活用し、それぞれの生徒の理解度に合わせて何度も問題を解いたり、苦手なところを重点的に学んだりでき、オンラインを有効活用できました。

Connections：知識の活用

「知識の活用」の段階には、生徒が能動的に学び、さまざまな学びをつなげることのできるアクティブラーニング的授業が向いています。オンラインでもリアルでも WS 型授業を行い、授業支援ツールのロイロノート・スクールや Google Jamboard などを用いて、生徒それぞれがどう感じたか、どのように工夫をして課題解決に取り組もうとしているかなどを共有したり、出し合えたりする場づくりをしました。

Extensions：課題の解決・価値の創造

さらに「課題の解決・価値の創造」の段階は、課外活動や探究活動、社会とつながりのある探究的活動を中心に設計しています。

コロナ前は、タイで少数民族との交流やボランティア活動をしたり、カンボジアで現地の社会起業家との協働でソーシャルビジネスの支援活動を行ったりと、PBL（プロジェクト・ベースド・ラーニング）を中心とした活動も多く実施してきました。

現在は海外には行けませんが、国内外のプロフェッショナルやさまざまな現場にいる人とオンラインでつながったり、課題に対するデザインやリサーチなどをオンラインコンテストの形式で行ったりしています。

こうした課題解決型の活動は難易度が高く、時間もかかり、試行錯誤が必要なので、リアルとオンライン両方で時間をかけて行っていく必要があります。

こうして学校教育も、リアルとオンラインのハイブリッドにすることによって、自由度が上がったことを実感しています。教科書を超えた問いを発したいときには、むしろオンラインが向いていると感じています。

徐々に休校が解除され、学校が再開してからも私たちの学校では、2020 年度 8 〜 1 月にかけて週 1 〜 2 回、「課題解決日」を設定しました。生徒たちは学校に来てもいいし、自宅から参加してもいい日としています。

課題解決日には、1～5時間目までプログラムはありますが、必須の授業と任意の授業があります。内容も、授業動画を見たうえでオンライン質問会に参加したりオンライン自習室に行ったりと、「知識の定着」の時間として使っています。一方、**学校に全員が来る日には「知識の活用」や「課題の解決」などに取り組めるもの**を中心に授業を組んでいます。

　コロナ禍前とは明らかに異なる学生の「自ら学ぶ」力は、これからの社会でも差をつける力になっていくはずです。これまで、人から上手に習える人が成長していました。しかし、**コロナ禍では変則的な時間の中でも、自分で学ぶ内容や方法を組み立て、自ら学べる子のほうが成長できる**ようになっています。コロナ禍の影響にかかわらず、デジタルネイティブと言われる彼らにとって、ハイブリッドな学びがますます当たり前となっていくのです。

　子どもだけでなく、きっと大人も同じことが言えるのではないでしょうか。自分で自律的に学びを組み立て、広げていく力が、未来を大きく左右するでしょう。

コロナ禍前→現在 における学生の変化

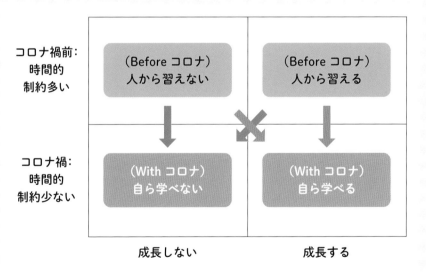

Part

5

Q & A

オンライン特有の
ファシリテートの工夫から、
おすすめのツールやサイトまで、
ワークショップ探検部がお答えします！

Q.1 オンライン会議システムは、どれを使えばいいの？

A. すでに使っているサービスを使いこなすのがベスト。

オンラインの場におけるプラットフォームとなるオンライン会議システムは、枚挙にいとまがありません。企業のイベントやWS、日常の会議シーンで使われることの多いシステムを表にまとめてみました。

	Zoom	Webex Meetings	Google Meet	Microsoft Teams
チャット機能	○	○	○	○
ブレイクアウトセッション	○	○	○	○
リアクション機能	○	○	×	○
画面共有	○	○	○	○
投票機能	○	○	×	○
録音・録画	○	○	○	○
バーチャル背景	○	○	○	○
PC最大画面表示数	49人	25人	16人	49人
スマホ最大画面表示数	4人	2人	5人	4人

※表は2020年12月末時点の有料版に基づく。各サービスの機能は日々更新されるため、最新情報はそれぞれのウェブサイトをご参照のこと。

表にすると、**特筆すべき大きな違いはありません**。強いて言えば、同時画面表示数の点で Zoom や Webex Meetings が勝っていたり、Google Meet にリアクション機能や投票機能が搭載されていなかったりと違いがあります。ただ、現時点で搭載されていない機能も、いずれ追加されるでしょう。

　では、どんな基準で選択すればよいのでしょうか？
　それは、自分の会社（あるいは学校、組織）ですでに使われているシステムを是として、自分自身がそのシステムに精通することです。新しく導入するには、労力や権限が必要なため、すでにあるものを拡充していくことが、実は一番の近道です。

　オンラインの場づくりをするときに最低限必要な機能は、「画面共有」「チャット」「ブレイクアウトセッション」。さらにあるとよいのは、「リアクション」「バーチャル背景」「投票機能」「スタンプ」などです。
　重要なことは、これら**基本機能を自分自身が使いこなせるようになること**です。そのためには、ホストとして場を開き、試行錯誤することが最も早いのです。

　とはいえ、私はこれまで外部支援者の立場で、オンラインのイベントや WS を 100 社以上で実施してきましたが、圧倒的に多いのが Zoom です。
　なぜなら、会社ですでに使われていることが多いのと、参加者にとってなじみがあり、情報リテラシーの格差が小さい状態でスムーズに始めることができるからです。拡張性や安定性の高さも Zoom のメリットだと思います。

回答者
広江 朋紀

Q.2 オンライン WS を行うときの最適な人数は？

A. 目的によって異なるが、対話なら 24 人以内。

何をするのか目的に応じて、最適人数は変わってきます。対話や共有を行うことが前提であれば、**最大最適人数から考えるのではなく、最少最適人数から考えてみる**ことをおすすめします。

つまり、ブレイクアウトルームで複数人と対話をする最適人数を考えてみるのです。そうすると、5 人未満が最適でしょう。

5 人以上だと、共有や対話に時間がかかってしまい、全体で進行する際にグループごとの対話の進度や深度にバラツキが出てしまうからです。

そして、各グループで話されたことを全体の場で分かち合う体験も重要ですが、全グループの代表者の意見が全体の場で大切に扱われることも、参加者の納得感や参画感を引き出すうえで欠かせません。

その観点では、全体共有しているときに聞いている側が飽きない人数は、6 グループ程度だと思います。

もともとの質問に戻ると、対話や共有を前提とする場の最適人数は、**4 人 × 6 グループ ＝ 24 人以内が、ファシリテーターの目の届きやすい範囲**だと考えてもらえればと思います。

回答者
広江 朋紀

122

Q.3 オンライン WS を行うときの 体制や役割分担は？

A. ファシリテーター以外にも TD、OD、GR がいるといい。

参加者が少人数であれば、ファシリテーター1人で場の進行から技術的なサポートまで 行うこともできますが、10人以上の場でそれをするのは得策ではありません。

サポートを得られるのであれば、下記のような役割の人を置くといいでしょう。
- **テック（テクニカル）ディレクター（TD）**
- **オペレーションディレクター（OD）**
- **グラフィックレコーダー（GR）**

それぞれの役割を説明します。

Zoom をはじめとしたシステムを運用するには、**テックディレクター（TD）** を配置し、主 に参加者の入退室管理、ブレイクアウトセッションのグルーピングの割り振りから実行を担 ってもらいましょう。また、イベントによっては、映像を流したり、画面を切り替えたり、 音声を調整したり、機器周りの調整も TD にお願いします。

さらに参加者数が多い際は、**オペレーションディレクター(OD)** も配置します。OD は、セ ッションでの参加者間の進行（オペレーション）が滞りなく進行するよう、質問やヘルプの 要請が出た際に、個別にサポートに入ったり、対話中のいくつかのグループにカメラオフ・ ミュートで参加し、対話がスムーズに進行しているかを確認、その様子をファシリテーター に伝えたりするなど、現場との結節点を果たします。

また、対話の流れや成果を可視化する**グラフィックレコーダー(GR)** にも協力してもらい、 対話の成果を絵で収穫（ハーベスト）することも豊かな場づくりに寄与します。特に、オン ライン対話の場に色彩や表情のある絵（グラフィック）が持ち込まれると、場に変化が生ま れると同時に振り返りにも効果的です。

回答者
広江 朋紀

Q.4 オンラインWSでの効果的な時間の使い方は？

A. リアルのWSよりこまめに休憩を。

リ アルの現場では、コーチングやマネジメント研修など、丸一日かけて9時から17時まで取り組むこともあります。しかし、これはずっと画面を見ていて単調になってしまうオンラインではおすすめできません。

リアルで1時間半を1コマとしてWSなどに取り組んでいたならば、**オンラインでは45分1コマ**と考えたほうがいいでしょう。

例えば、計7時間の研修であれば、1回3時間半を2回、または1回2時間半を3回に分けて別の日に実施するのも効果的です。研修と研修の間には課題を出して、研修で学んだことを実践してもらうようにしています。

オンラインで長時間のWSなどを実施する場合には、**45分～1時間に1回休憩をとって、集中力が持続するように設計する**必要があります。この休憩時間は、逆にリアルのときより少し短めでもいいかもしれません。

休憩中はカメラをオフにしてもOK。ただし、Zoomなどからサインアウトしてしまうと、これまでのチャットなどの記録も消えてしまうので、同じWSを続行するのであればサインインしたまま休憩をとるよう注意してください。

WSや研修に参加している間は、**基本的にはカメラをオンにしておくことをルールにすることで、参加者の緊張感が保てます。**

それでももちろん、長時間だと飽きてしまい、携帯電話などを触り始めたり、メールをチェックしたりしてしまうでしょう。自分の出番がないと思うと、気持ちが緩んでしまうのは当たり前です。

ファシリテーターは、特に以下の2つを心がけてWSや研修を設計するといいでしょう。

①できるだけ参加者に話をしてもらうようにする。

　リアルで行うとき以上に、**どれだけファシリテーターが話す時間を減らし、参加者が話す時間を増やせるか**が鍵。ワークのやり方の説明はきっちり行う必要がありますが、ファシリテーターが冗長に講義をしてしまうのは NG です。

　できるだけ参加者が話したり、グループワークをしたりする時間を増やし、発表時もランダムに指名するなど緊張感を持ってもらえるようにしましょう。

② Zoom などの機能を上手に活用する。

　画面を見ているだけでなく、**チャット、ブレイクアウトルーム、投票機能などを活用して参加してもらう時間をつくりましょう。**

　ブレイクアウトルームでは少人数での対話ができるし、チャットには WS の途中でも思いついたら質問や意見をどんどん書き込んでもらうことができます。ほかの人の意見や発表に対しても、反応ボタンを使って絵文字などを出して参加してもらうといいですね。

1 日 WS のタイムテーブル例

9:00-9:50	オープニング、アイスブレイク WS
9:50-10:00	休憩
10:00-11:00	WS ①
11:00-11:10	休憩
11:10-12:00	WS ②
12:00-13:00	ランチ休憩
13:00-13:50	WS ③
13:50-14:00	休憩
14:00-15:10	WS ④
15:10-15:20	休憩
15:20-16:20	WS ⑤
16:20-16:30	休憩
16:30-17:00	リフレクション

回答者
松場 俊夫

Q.5 ブレイクアウトルームを上手に分けるには？

A. 事前設定、その場でグループ分け……目的に合わせて使い分け。

Zoom では、参加者を最大 50 のグループに分けることができます。ブレイクアウトルームに分けるには、主に 2 つのやり方があります。

1 つは、**参加者をそれぞれどのグループに分けるか事前に指定しておく方法**。これだと参加者や WS の特性に合わせて意図的なグループ分けができますが、事前に参加者の属性や特性を知っていなければ設定できません。

もう 1 つの方法は、Zoom セッションが始まってから**その場でホストが分けるという方法**です。「4 人ずつ」などと人数を設定してグループに分けるか、ホストが参加者を選んでグループに振り分けるかという選択肢があります。

人数を設定して分けると均一に分けられるというメリットがありますが、その一方で同じ属性ごとや本人の希望に合わせたグループ分けはできません。そこで、セッション開始後でも意図的に参加者をグループに分ける方法を知っておくと便利です。本書の WS 内でも何度か触れていますが、**参加者の表示名の頭にグループ番号を入れてもらう**のです。

例えば、SDGs をテーマに話し合うとき、「1 貧困」「2　飢餓」「3　健康と福祉」と番号リストを表示して、「それぞれ興味のあるテーマに分かれて話し合います。自分が一番興味あるテーマはどれですか？」と案内します。そして、自分の表示名の頭にその番号を入れてくれるように指示します。

「山田太郎」さんなら「1　山田太郎」と入れてもらうことで、その後ブレイクアウトルームに分けるときに番号で瞬時に見分けることができるのです。方法を以下に詳しく説明しておきますので、ぜひ試してくださいね。

1. ［ブレイクアウトルーム］のボタンを押す。
2. ブレイクアウトルームの数を設定し、メンバーの割り当て方法を［手動］にする。

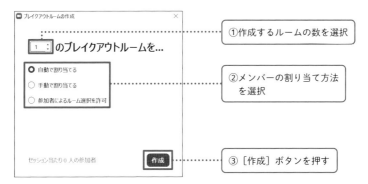

①作成するルームの数を選択

②メンバーの割り当て方法
を選択

③［作成］ボタンを押す

3. 各ルームの［割り当て］を押すと参加者の名前のリストが表示されます。その中から各
   部屋に割り当てたい人を選びます。
   このときに、表示名の最初にグループ番号を入れておいてもらえると、ホストは一瞬で
   「1 のつく人はグループ 1」といったように見分けて、割り当てることができるのです。

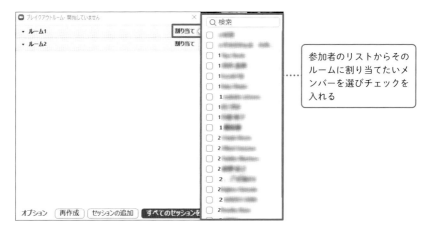

参加者のリストからその
ルームに割り当てたいメ
ンバーを選びチェックを
入れる

4. 設定が終わったら、［すべてのセッションを開始］をクリック。すると参加者に案内が通
   知され、それを承認することによって各ルームへと分けられます。

回答者
児浦 良裕

Q.6 ブレイクアウトセッション中にファシリテーターは何をしていればいい?

A. ルームを訪れてサポートしたり、共感したり。時にはここで打ち合わせや休息も。

オ ンラインでのブレイクアウトセッション中、ファシリテーターは何をしているか、何をするべきかについては、セッションの内容や参加者の雰囲気、ファシリテーターの考え方によってまったく違い、何か正解があるものではありません。

そのような中でも、私は大きく分けて3つのことをよく実践しています。

1つ目は、**ブレイクアウト中に実施するべきワークや対話が混乱なく進んでいるかの確認として、それぞれのルームを訪れて見ていくアプローチ**です。

クローズドの部屋なので、混乱が起こってもファシリテーターは気づくことができないし、参加者もリアルのときほど気軽にサポートを求める声を上げることができません。

そのため最初に、すばやくすべての部屋を回ります。特に複雑なワークを行うときや、問いに対して苦戦しているような反応が起こったときは、「インストラクションの際にみなさんの部屋をグルグル回るのでご安心ください」とお伝えしてから進めます。

2つ目は、**ブレイクアウトの部屋を訪問し、同じ参加者として「ともにいる」という関わり方**です。

あえてカメラはオンにして、小さく会釈をして入室します。そして即、耳を傾ける共感モードに入ります。ファシリテーターとしてではなく、1人の参加者としてともに話を聞き、共感し、時には自分も言葉を発します。

あえてうなずきを大きくするなど、リアクションを多めにすることで、「監視」しているのではなく「共感」していることを意図的に場に伝えていきます。

メリットは、対話が盛り上がらず停滞しているチームにエネルギーを注入できることと、個別の話が聴けるので、より個人との関係性を築きやすいことがあります。

さらに、合間にちょっとした雑談もできることで、より場が豊かになります。「先生、このワークおもしろい〜」とか、「このお菓子美味しいんです!」など、クローズドな空間で

カジュアルな話が生まれると、その後メインルームに戻ったときに、目に見えない一体感や安心感がお互いに生まれていることがあります。

　もちろん、深い対話をしている最中に外からファシリテーターが入ることで、ネガティブなインパクトを引き起こすこともあります。対話の中で深い共感が生まれているときや、極めてパーソナルな側面が語られているときに、ファシリテーターが登場することで急に冷めてしまったり、続きが話せなくなってしまったりする場合などです。そのため、あえてカメラをオフにして気配を消したりもします。

　3つ目は、**各ルームを訪問しないでメインルームで待つという過ごし方**です。すでに述べた通り、ファシリテーターが入ることでネガティブなインパクトを引き起こすこともあるので、信じて待つことも時には必要です。

　また、コーファシリテート（2人以上で場に関わるファシリテーション）のときなどは、お互いに進行状況の確認や懸念事項の共有、この後の運営や関わり方など、すり合わせのために時間を使うことが多いです。

　ただし、ブレイクアウト中に参加者が回線の問題で落ちてしまい、ペアワークが成立しなくなることがときどき起こります。

　メインルームで待ちながらも、誰かが落ちていないか注意し、落ちたときは自分が対話の相手になるなど、すぐにレスポンスをとれる状態でいることも大切です。

　そして、**時にはゆっくりコーヒーを飲みながら、少し心を整えることも大切**です。

　長時間にわたりオンラインで場に関わるのはとても気が張ります。心と体の余裕をつくることで、その後のファシリテーションの質が向上することは間違いないです。

回答者
東 嗣了

Q.7 参加者の集中力や モチベーションが 下がっているときはどうする?

A. デジタル OFF か体をストレッチする 休憩時間をとる。

オ　ンラインの WS やイベントでは、休憩を 1 時間に 1 回はとるようにしましょう。ただし、1 つ注意点が。**本当に体を休めてもらう時間にする**ということです。

　オンラインの場では、常時、PC やスマートフォンなどを通してネット環境に接続しているので、休憩時間中にメールの確認をしたり、ネットサーフィンをしてしまったりしがちです。すると、きちんと休めなくなります。

　ゆえに休憩中は、部屋を換気したり、体を動かしたりしてもらうことを推奨します。
　図のように、首や肩を回すストレッチを参加者と一緒にやってみることもあります。これだけで、**ファシリテーターと参加者の距離感が近づく**というメリットもあります。

回答者
広江 朋紀

130

Q.8 オンラインで、100人を超える大規模WSやイベントは可能?

A. もちろん可能です! ポイントはHOWとWHAT。

コロナ禍でテレワークが推奨され始めたと同時に、多くの企業の研修などをオンラインで実施してきました。100人以上の研修やWS、会社の総会などを行う企業もあります。

大規模なWSや研修を設計するときに重要なのは、HOWとWHAT です。

HOWは「方法」です。オンラインの場合は、主に機材やネット環境などのICT環境を確認し、検討していかなければなりません。主催者側だけでなく参加者の環境のチェックも必要です。ファシリテーターが自宅から行うのか、主催者の会場に行くのかによっても異なるでしょう。そして、オンライン会議システムもZoom以外にたくさんあるので、その会社や学校などが導入しているサービスの活用方法を入念に確認して、慣れておきましょう。

また、参加者がどのように映し出されるかも大人数の場合は重要です。PCの画面サイズやスペックによって、1画面に映る人数が最大5 x 5人の場合と、7 x 7人の場合があります。モニターを複数用意すれば、全員の顔を一斉に見ることも可能です。また、ファシリテーター側が複数いれば、分担して画面を見て、参加者の様子を把握することができます。特にブレイクアウトルームに分かれたとき、ファシリテーターはそれぞれのチームの様子を見たり、質問に答えたりする必要がありますが、事前に役割分担しておけるといいでしょう。

WHATは、WSの「内容」です。大人数だと全員での対話や、体感ワーク的なものは難しくなります。また、ファシリテーター vs. 参加者という構図にならないように、参加者を主役にするコンテンツを設計することが大切です。

ブレイクアウトルームを活用すれば、参加者を少人数に分けてじっくりと対話もできます。さらに、ほかのグループの声が聞こえないというメリットもあります。大人数のリアルの会場であれば、ほかのグループの話し合いや作業に気がとられてしまいますが、オンラインのブレイクアウトルームでは、自分のグループだけに集中できます。基本的には、解説などは全体で行い、WSは少人数に分けるのがいいでしょう。

回答者
松場 俊夫

Q.9 子ども向けのオンライン WS で 気をつける点は?

A. 顔と声を出すことに慣れる時間を最初にたっぷりと。

オンラインの環境は、大人でも普段と同じように話すのは難しいですが、子どもにとっては最初は仕組みがわからず、なおさら不安があります。デジタルネイティブと呼ばれるいまの子どもたちは、一度慣れてしまえば早い。しかし、やはり**導入の際は、大人以上に丁寧に時間をとる必要があります。**

仕事で活用する大人は、自分から参加しようという姿勢を持っていますが、子どもは必ずしも同じ意識で参加しているわけではありません。

例えば、教室で授業を受けていれば、発言しなかったり、端っこで聞いていたりするだけでいられた子も、オンラインでは多少なりとも自分から参加しようとしなくてはいけないのです。

だからこそ、最初はカメラをオンで顔を出し、ほかの人に同意するだけでもいいから声を出す、ということをきちんと話して説明しておきます。

とても基本的なことですが、「まずは、『お願いします』とお互いに挨拶することから始めましょう」とスタートする場合もあります。**何でもいいので最初にみんなで声を出してみる、そうすると少し緊張がほぐれます。声を出すことで、参加意識も生まれてきます。**

当事者意識が低くなりがちなオンラインだからこそ、アイスブレイクや最初のワークは、自分に関することにして、ぐっと身近に感じてもらうようにするといいでしょう。ウォーミングアップとして、好きなことや興味のあることなど、話しやすいトピックを選ぶのをおすすめします。

もう1つ気をつけるのは、**発表をしたり意見の共有をしたりするときに、言葉だけですませないこと**です。

「自分の考えを言ってね」と言葉だけで発表させると、聞いているほうも集中し続けるのが難しく、話しているほうも大人のように考えをきれいにまとめられない子もいて、両者にとって楽しんで参加しづらくなります。

子どもの場合は、本書でも紹介している Google Jamboard のように視覚的に書き込める
ホワイトボードのようなものを使ったり、レゴや紙で実際に手を動かして作ったものを見せ
ながら話してもらったりと、モノを媒介したほうが、発想にもコミュニケーションにも広が
りが生まれます。

　ちなみに参加者が子どもだけの WS では、ブレイクアウトルームを使って作業や話し合い
をさせる場面も注意が必要です。
　中学生くらいまでは、声の大きな子が仕切ってしまったり、うまく意見をまとめることが
できなかったりと、自分たちだけで円滑に時間内に話し合うのは難しいことがあります。可
能であれば、大人や大学生くらいのサポーターを各ブレイクアウトルームに配置して、話し
合いをサポートするといいでしょう。

　それが無理な場合は、ファシリテーションができそうな子や話すのが苦手な子が 1 つのブ
レイクアウトルームに集中してしまわないように、チーム配分に気を配ります。
　初めて顔を合わせるメンバーばかりでグループに分かれるのが難しそうな場合は、ブレイ
クアウトルームを使わず、全体で意見交換ができるような WS を組むといいですね。

回答者
児浦 良裕

Q.10 オンライン WS の フォローアップはどうしている?

A. 放課後タイムや FB グループ、動画配信などを活用。

対面の WS であれば、終了後に参加者が会場に残って感想を話し合ったり、連絡先を交換したり、はたまた意気投合してそのまま飲み会に行く、なんていうこともあるでしょう。一方、**オンラインの場合は要件だけで終わってしまい、そうした余白の時間がなかなかありません**。これはオンラインの WS だけでなく会議についても言えることです。WS の目的にもよりますが、終了後にはいくつか工夫をして、参加者と、そして参加者同士のつながりを持つといいでしょう。

研修や WS が盛り上がった場合や、さらに意見交換したそうな場合には、**終了後に「放課後タイム」を設定**します。Zoom に残りたい人だけ残ってもらい、非公式で会話できる場にします。ホスト権を参加者に渡し、あえてファシリテーターも事務局側もいない空間にします。いわば、WS 後に会場に残って雑談するのと同じ状態を用意しておくわけです。

SDGs など何か明確なテーマを共有した異業種交流会など、**今後も発展していく可能性のありそうな集まりの場合、Facebook グループをつくることも**あります。もちろん参加者の同意を得て加わってもらいますが、関係を長く維持したいグループのときにおすすめです。

また、研修などの場合には、さらに深く理解が必要なときや関連した内容について知ってほしいときには、**フォローアップ動画を作って後日配信することも**あります。

さらに、**感想や学び、聞ききれなかった質問などを Web アンケートで尋ねることも**あります。これはファシリテーターというより主催する企業側や事務局側が行うことが多いですが、一定期間続く WS などの場合には、効果を定点観測していくのにも有効でしょう。

回答者
東 嗣了

Q.11 オンラインでも一過的でない ポートフォリオを作るには?

A. Google Jamboard などを活用した 一括管理が便利！

これまでのプロジェクトや取り組みなどを、自分の手元に残して今後に活かしたいというとき、便利なのが Google Jamboard（以下、JB）です。

例えば、新入社員が研修期間に取り組んできたプロジェクトの経過やそこからの学びをまとめたい、生徒たちが学期中に取り組んだ探究学習をまとめておきたい、そういうときに短時間でビジュアル的にもわかりやすいものが作れます。

しかも、プロジェクトを進めながら画像や言葉を貼り付けていくことができ、終わって振り返るときにもとても役に立ちます。

1つのプロジェクトのポートフォリオを例に考えてみましょう。写真や文字（付箋）を使って、以下のように構成してみるといいでしょう。

JB のポートフォリオ作り

1枚目：プロジェクトから得た成果

例）パラリンピック選手のリモート応援プロジェクト

自分たちの考えた理想や目標を達成できたかなど、成果を表現する写真や文字を入れる。

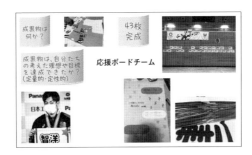

2枚目：成果のよかった点、不足点

自分たちの成果を省みて、よかった点と改善点を写真や文字で入れる。

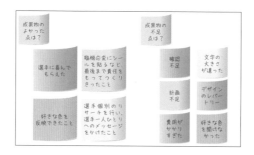

3枚目：成果までのプロセス、問題点、自分の貢献

それぞれのプロセスで困難だったこと、自分がチームに貢献できたことなどを時系列で書き出していく。

こうしたプロセスやそれぞれの問題点を、==画像と文字の両方で1つにまとめることによって、次回への課題や改善点が明らかに==なります。

また、JBのよいところは、こうしたデータを複数人分でも1つのファイルにまとめることができる点です。

例えば、WSの進行中に参加者が自分のページに書き込んでいくと、終了したときにそれが1つのファイルとしてまとまっているので、ページをめくるように参加者一人ひとりが制作したものを見ることができます。ほかの人の制作したものを見ることで互いに学べるし、チームとして1つの成果を見てとれます。

学校では、探究学習やPBL（プロジェクト・ベースド・ラーニング）、研修旅行のまとめなどにも活用しています。企業でも、プロジェクトや業務についてまとめていくことで、俯瞰して改善点を見つけていくことができるでしょう。

回答者
児浦 良裕

Q.12 オンラインの場に参加したいけれど、場所がない場合は?

A. コワーキングスペース、有料会議室など周囲を探してみよう。

WSに限らず、あらゆるオンラインの場に参加する際に、「最適な場所が見つからない！」という声をよく耳にします。参加者の中には、車の中からオンラインに入る方や、慌ててカフェから接続する方もいらっしゃったりします。

自宅からオンラインになる方も、プライバシーの観点で背景をバーチャル背景に変更する、接続が途切れないように Wi-Fi から有線に変更するなど、みなさんいろいろと知恵を絞っているようです。

私も場所選びで未だに苦労している1人です。

場所選びで大切な要素は、**ノイズが入らない静かな環境**、**プライバシーが守られる環境**、そして**安定したネット環境**です。この3つを実現できる場所として、いくつかご紹介したいと思います。

1つ目は、**有料の会議室**です。

最近は、対面研修などの機会が減ったことで、多くの貸し会議室がテレワーク用の場所を提供し始めています。また、テレワークの時代に即したコワーキングスペースも充実してきています。さらに、飲食店や音楽スタジオといった異業種が、テレワーク用に場所を改装して、防音効果の高い個室などを貸し出したりしています。

「原っぱ大学」が提供している森の中でのリモートワーク環境

　2つ目が、同じ有料の会議室なのですが、完全に**テレワークやオンライン会議用に作られた個室型のブース**です。

　駅構内や、オフィスビルのオープンスペースなどに設置されていることが多く、よく利用している人を見かけます。事前登録をしておけば、予約も可能ですし、当日空いていればすぐに駆け込んで利用することもできます。周囲の音も気にならず、集中できる場所としておすすめです。

　3つ目が、**ホテルのデイユース**です。

　テレワークのニーズが高まる中、多くのホテルが日中に部屋を貸すプランを始めています。宿泊と比べるとかなり割安ですし、ホテルによっては温泉もあるので、会議の合間に温泉でリフレッシュすることもできます。無線だと回線が安定しないこともあるので、事前に回線のスピードや、有線に対応しているかなども確認したほうが安心です。

　ニュースで以前、観覧車に乗りながらテレワークをしている様子が紹介されていました。ネット環境と電源さえ整えば、どこからでも参加できる時代です。ぜひこの機会に自分にとってのベストな場所、居心地のいい秘密基地を探してみてはいかがですか？

回答者
東 嗣了

Q.13 チームの雑談会、どうすれば盛り上がる？

A. テーマを決めたり掃除したり、井戸端会議をつくる。

テ レワーク環境になったことで、オフィスの廊下やコーヒーサーバーの前で、同僚や他部署の先輩に遭遇して偶発的に生まれていた雑談が消滅したことを憂う声があります。それを受けて、雑談の時間を意図的に設けるも、「さぁ、雑談しましょう」と場を開いても会議のようになってしまい、結果、成立しないということもよくあるようですね。

それを解消するには、**雑談が生まれるような、人が思わず集まってくる場を設けることが大切**です。

私の職場では毎週金曜の夕方30分、「**お掃除タイム**」をとっています。テレワーク中、滞在時間の長い自宅環境は荒れがちになります。ですので、週末の終業前に全員、自宅のテレワーク空間を一斉に掃除する時間を設けているのです。この時間は、原則として打ち合わせを入れず、全員オンライン上でつながり、ひたすら掃除するのです。そして、音はミュート解除し、片づけながら雑談をしたい人はするのですが、これが意外に盛り上がります。さしずめ、現代版の井戸端会議というところでしょうか。

ほかには、**社内でZoomを使ってラジオ番組**をしています。私と同僚の2人でMCを務め、毎回2、3人社内のメンバーをゲストとして招待して、仕事以外のよもやま話をします。ランチタイムに隔週1回程度で実施しており、ラジオなので、参加者は耳だけ参加します。これが大人気の番組に成長し、頼んでもいないのに、視聴者はゲストの話を聞きながらチャットで感想をつぶやいたり雑談を始めたりしています。

このように、雑談そのものを目的にするのではなく、掃除だったり、ラジオだったり、多くの関係者が集まってくる必然的な場（余白）をつくることが、結果として偶発的な雑談を生み出すことにつながるのだと思います。

回答者
広江 朋紀

Q.14 オンライン飲み会が、いまいち盛り上がらない！

A. 飲み会もデジタルトランスフォーメーションが必要。

「Zoom飲み」というのが、名称として一般化してきました。一方で、「リアルの飲み会のように盛り上がらない」「家なので終電の心配がないが、区切りがないのでダラダラと時間を過ごしてしまう」「沈黙の間が耐えられない」といった声があるのも事実です。

Zoom飲みは、いわゆるリアルな飲み会をデジタルの場に置き換えただけなので、コミュニケーションのDX（デジタルトランスフォーメーション）とは言えません。**オンラインならではの特性を活かしてDX化した飲み会を実施することが必要**です。

例えば、私がよく行うのが、「**オンライン焚き火飲み会**」です。

YouTubeには4K動画で撮影された焚き火映像がたくさんあります。これを音声と一緒にZoomで画面共有し、揺らぐ焚き火と火のはぜる音を共有します。参加者には部屋の明かりを消してもらい、カメラもオフ、リラックスした姿勢（寝転んでもOK）で、音声のみミュート解除してもらうと、本当にみんなで焚き火を囲んでいるような状態になります。

そのうえで、ビールやホットワインを片手に、誰からともなくつぶやいたり、話したりする緩い時間を持つのです。すると、思わず本音が出たり、深い話になることもしばしば。オンラインの特性である視覚と聴覚を最大限に刺激し、じっくり話せるという効果があります。

回答者
広江 朋紀

140

Q.15 ワークショップ探検部の リモート環境と リフレッシュ方法を教えて!

A. 案内人たちの画面の裏側をお見せします!

＜マイクもライトもバシッと決める＞松場 俊夫

コロナ禍が到来するとすぐにオンラインでの研修やWSが始まり、機材一式をそろえました。Mac、27インチ4Kモニター、Webカメラ、マイク、ライト、そして座り心地のいいオフィスチェアまで。

それ以来、朝から夕方まで何百という研修をここから行っています。

息抜きには、廊下で大好きなゴルフの練習を。そして部屋にある観葉植物とタンザニアの画家Ｓ・Ｇ・ムパタの絵画も気分転換や癒やしをくれます。

＜キャンピングカーでテレワークも！＞ 広江 朋紀

　基本のテレワーク環境としては、①〜⑤の備品を活用しています。

　ポイントは、参加者の表情が見えるように②のサブマシン（iPad）でギャラリービューを確認し、場の雰囲気をつかんだりしていること。また、個人で集中ワークをするときに、④のスピーカーでジャズなどのBGMをかけられるのはテレワーク環境ならではです。

　水晶や鉱物が好きなので、身近なところに置いて愛でながら仕事できることもお気に入りのポイントです。

③スクリーン投影用　　　　　　　　　　　　　　　　　　　④スピーカー
　モニター

②ギャラリービュー　　　　　　　　　　　　　　　　　　⑤水晶
　確認用サブマシン　　　　　　　　　　　　　　　　　　①メインPC

　息抜きとしては最近、リモートオフィスにもなる中古のキャンピングカーを購入しました。車内には電源や机があるため、ポケットWi-FiとPCさえあれば、どこでも仕事ができます。

　ただ、仕事でキャンピングカーを使うよりも、家族との豊かな時間を過ごすことが増えました。毎週末、早起きして海や山に日の出を見に出かけたり、疲れたらベッドで昼寝したりと子どもたちも大喜びです。

　余暇時間を充実させリフレッシュすることが、明日への活力にもなっています。

＜リモートオフィスで＞ 東 嗣了

　1 枚目の写真は、リモート専用の有料個室。パソコンは Mac Book Pro16 インチで、Core i7 のプロセッサなので、Zoom で 49 人まで一画面に表示させ、一人ひとりの顔の表情を見ながらファシリテートすることが可能です。

　以前はたくさんガジェットを並べていましたが、最近はツールに頼らず、できるだけシンプルに場に関わるようにしています。

　息抜きのためには、時には外からオンライン参加することも。自然の中にいると、すべてが整う気持ちになります。

＜職員室でもオンライン授業を ON AIR ＞ 児浦 良裕

　オンライン授業以外にも、広報を担当しているので学校説明会などさまざまな場でオンライン配信が増えました。PC は、WS や授業の資料を共有するために 1 台、動作を確認したり生徒の表情を見たりするために 1 台、それぞれ設置しています。

　配信中は、「ON AIR」サインを出して、周囲にもわかるように。自宅から配信することもよくあります。

　息抜きとしては、授業の合間に肩こり解消。PC 仕事で疲れた目や肩に効きます。

Q.16 オンライン WS で使える、おすすめツールやサイトを教えて！

A. WS 案内人たちのおすすめを大公開！

● Google Jamboard

https://edu.google.com/intl/ja/products/jamboard/　児浦

Google Cloud を使って、複数人で同時にホワイトボードのように書き込んだり編集したりできる。アイデア出しやブレインストーミングに便利。（ WS05 、 WS17 、 WS20 、 WS21 、 WS22 、 WS25 、 WS27 、 WS28 、 WS29 参照）

● Miro

https://miro.com/　松場

オンラインコラボレーションツール。ホワイトボードを共有し、複数の人で同時に編集できる。用途別のホワイトボードのテンプレートも豊富。（ WS27 参照）

● Google スライド

https://www.google.com/intl/ja_jp/slides/about/　児浦

プレゼンテーションツール。PowerPoint ファイルを Google スライドに変換することもできる。（ WS29 参照）

● AutoDraw

https://experiments.withgoogle.com/autodraw　児浦

機械学習を活用したお絵描きツール。自分が描いた図形や絵に対し、さまざまなイラストを提案してくれる。例えば、丸を描くと、卵や惑星、ヘルメットなどあらゆるイラストが表示され、好きなものを選ぶことができる。（ WS21 参照）

● AI テキストマイニング

https://textmining.userlocal.jp/ 児浦

　テキストを入れると、頻出する単語が大きく表示されたり、動詞、名詞、形容詞、感動詞がそれぞれ別の色で表示されたりと、テキストの解析結果を視覚化できる。また、単語の出現パターンが似た「共起キーワード」を線で結んだ図など、さまざまな角度から検証できる。(WS28 参照)

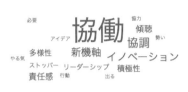

※ User Local ウェブサイトより

● サイコロメーカー

https://stopwatchtimer.yokochou.com/saikoro-maker.html 広江

　ブラウザ上でサイコロを振ることができる。[SHAKE] というボタンを押すとサイコロがくるくる回り、本物のサイコロを使っているような感覚になれる。(WS03 参照)

※サイコロメーカーウェブサイトより

● respon

https://respon.jp/ 広江

　参加者がそれぞれその場でコメントを入れて、1 カ所でまとめて見ることのできるリアルタイムのアンケート。その日の感想や 1 つのプロジェクトへの思いなど、トピック別にすることができる。

● Kahoot!

https://kahoot.com/ 広江

　クイズなどで 4 択の選択肢を作成して、その場で参加者に選んで答えてもらうことができるシステム。テレビのクイズ番組に参加している感覚で利用できる。

● Wheel of Names

https://wheelofnames.com/ 広江

発表の順番やプレゼントの当選者を決めるツール。名前を書き込むと、ホイールが回転し止まる。無作為に決めるときに、ドキドキ感を味わうことができ、シンプルだが盛り上がる。

※ Wheel of Names ウェブサイトより

● Mentimeter

https://www.mentimeter.com/ 広江

参加者の声を画面に表示できる。オンライン WS の冒頭や最後に、気持ちや感想を聞いたりするときに使える。

● CommentScreen

https://commentscreen.com/ 広江

ニコニコ動画などでおなじみのいわゆる"弾幕"。画面上にコメントをリアルタイムで流すことが可能で、プレゼンが双方向になる。オンライン表彰のシーンで使うと盛り上がる。（ **WS15** 参照）

● 効果音ラボ

https://soundeffect-lab.info/ 広江

　イベントなどで演出の一環として効果音を自在に流すことができる。表彰の効果音や発表者への拍手など、豊富な効果音がそろっていておすすめ。（ WS15 参照）

● StreamYard

https://streamyard.com/ 広江

　YouTube Live や Facebook Live に 配信ができるツール。テレビ番組のような見た目のカッコよさを簡単に実現できる。

● 写真で一言ボケて（bokete）

https://bokete.jp/ 広江

　大喜利サイト。さまざまなシーンの写真やイラスト、お題などがある。画面共有しながら順番にボケていくなど、アイスブレイクで重宝。

※ bokete ウェブサイトより

● Remo

https://remo.co/ 児浦

　実際の会議のようにオンライン上でも席について、それぞれ同じテーブルの人と会話やや
り取りができる。偶然の出会いも生まれ、オンライン自習室、オンラインコワーキングとし
て使うのもおすすめ。

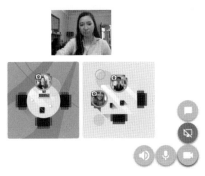

※ Remo ウェブサイトより

● Cozy Room

https://cozyroom.xyz/ 広江

　休憩スペース。イベントや WS で 10 分程度の休憩は、カメラオフ、ミュート設定で休ん
でもらうが、ランチタイムなど長時間の休憩は Cozy Room に誘う。家具や木々などの配置
も自由。アバターで近くの人と話ができ、話したくなければ離れて座ると声が届かなくなる
などユニークな機能もあり、休憩中の雑談も思わず弾む。

※ Cozy Room ウェブサイトより

ワークショップ探検部
ミーティング

テレワーク時代の
オンラインでの
場づくりとは

テレワークが広がる いまこそ WS が必要な 理由

東　コロナ禍に陥ったこの1年で、人々の働き方は大きく変わりました。テレワークに慣れてきた一方で、移動が不要になったがために1分単位で会議を設定し、隙間なくオンライン会議をする人が多い。分刻みの会議で交わされる内容は、業務に関することだけで、その裏にある背景や気持ちを共有する場所も余裕もないのです。

　だからこそ、**普段扱えない「思い」や「葛藤」を交わせる場が必要**ですよね。

児浦　当初は学校も一斉休校になり、私が勤務する学校でもオンライン授業が始まりました。学校が再開してもクラブ活動は当面オンラインのみ。いまの中高生はデジタル世代といっても、やはり言葉だけしか使えないもどかしさと難しさに、生徒たちは「どうやって話したらいいかわからない」と戸惑っていました。そこに、**WS のようなちょっとしたツールやコミュニケーション方法を提案することで、一気に話が活性化していく**のですよね。

松場　人によっては1日10件以上会議が入っている人もいます。働き方改革で効率を求められてきて、さらにテレワークで効率一辺倒になっている怖さも感じます。テレワークでうつ病になりそうな人が多いのも理解できます。

　そうした中、**WS でものごとの意味**を追求する、普段話せないことを話す、相互作用を生み出すということが、非常に大事になっています。

広江　組織を発展させるには、2つのエネルギーが不可欠です。1つは「分化」。効率的に機能で分けること。そして、もう1つが「統合」。分けたものを束ねるエネルギーです。その両輪があって初めて企業として動いていく。

　しかし、テレワークにより業務の分担が加速し、オンライン会議でも一部の人としか会わず、組織全体と触れ合う機会が減っています。**視界の個別性が生まれ、分断が出ている**感覚がある。

松場　分断といえば、同じ社内でも話す人、話さない人、と完全に分かれるようになりましたね。しかし、これだと**同質性だけ高まってしまう。多様性を意識することが一層難しくなります**ね。

東　各自が見ている視界にとどまってしまっては怖いですよね。勝手な妄想や文字情報で想像が膨らみ、誤解を生むこともあります。そうなる前に、**「整える場所」**としても WS が機能します。

オンラインだから こそのメリットと価値

児浦　私が勤務する学校は現在（2021年4月）リアルとオンラインを並行しています。**リアルでの学びをリフレクションするのにオンラインはとても有効なのを感じています。**オン

ラインのWSで、ツールを使って言葉を見える化し、組み立てていくことで、学びがデータとして蓄積されるので、生徒たちのモチベーションにもつながります。

　逆にオンラインで難しいのは、カードゲームなどモノを使うもの。学校の学びではそうした要素が多いので、どう乗り越えるかが課題です。

広江　確かにオンラインの「保存」と「複製」という機能は、リフレクションに最適ですね。ボタン1つでできてしまうのが便利。

松場　時間やコストも関係なくなり、海外や地方から研修やWSに参加する人も増えました。移動がなくなった分、睡眠時間も延びましたし（笑）。

東　場所の制約から解き放たれましたね。ブレイクアウトでも、周囲の影響を受けないクローズドの世界観で、深い対話ができるようになりました。

●オンラインWSのメリット

・テレワークの業務で隠れてしまう、思いや葛藤などを共有できる
・相互作用、多様性を生み出せる
・同じ景色、同じ体験を共有できる
・人々をまとめる、統合させる
・コスト、場所の制約を受けない
・言葉を見える化し、蓄積できる

オンラインで登場した新たな機能と価値

松場　オンライン会議システムを使うことによって、リアルとはまた違った場づくりに便利な機能があることに気づきました。**オンラインでできないことを嘆くよりも、オンラインでできるメリットを活用できるといい**ですよね。

広江　オンラインでは、動画とチャットを同時併用できます。これは画期的です。何かを見ながらコメントを書いてもらったり、文字情報を共有したり。

　ただ、**参加者に情報量をたくさん与えてしまうので、問いやメッセージを絞り込まないと、焦点が定まりづらくなるのも感じます。そのあたりのWSの設計が重要**ですね。

松場　確かに、チャットによりコミュニケーションに広がりが出ました。リアルのWSで参加者に次々と質問されると進行が滞ることもあるし、ほかの人の前で声を上げづらいという人もいます。チャットなら、質問が浮かんだときに書き込んでおいてもらえば、時間の隙間ができたときに答えられます。**リアルだったら控えていたような1人の質問が、ほかの多くの参加者の考えを広げてくれる機会になる**こともあるので、これは本当によいコミュニケーション手段だと思いますね。

広江　投票機能もよく使います。リアルの場合、管理職が大勢参加している

152

ところで意見をまとめると忖度する人が出てきますが、オンラインだと同時にその場でパッとボタンを押さなければいけない。**そうなると、忖度なく平場でみんなが意見を表明でき、AかBかパッと意見を出すことができます。**

　オンラインではみんなフラットに参加できるよさがありますね。画面でどこが上座だという議論がありましたが、ファシリテーターも役員も、みんな同じ小さな画面に収まることで、圧迫感もオーラも伝わらないことが逆にいい。

東　**ランクの概念がなくなるんですよね。上下関係がフラットになる代わりに、そこにいる態度や表情がこれまで以上に場に影響します。**

手探りのオンラインWS ベテランにも失敗が……

東　オンラインでの研修やWSを始めた頃は、まだシステムにも慣れていなくて、いろんな問題が起こりましたね。やはり苦戦したのは回線関係。家庭のネット回線では耐えきれず、とぎれとぎれの映像や音声が流れて、相手には宇宙人のような声に聞こえてしまったことも（笑）。

　貸し会議室を使って研修をファシリテートする機会があったのですが、会議室側の設定時間が間違っていて、私が熱く語っている瞬間にほかの人が入ってきて追い出されそうになったこと

もありました。

児浦　私は学校の広報も担当しているので、学校説明会をオンラインで行っていました。そうした説明会の様子を録画していたところ、あまりの重さに途中でネットが落ちてしまって真っ青に……。参加者は、途中でオンライン説明会から追い出される形になってしまって、システム復帰しても半分の人は戻ってこられなかった。録画によるネットワークへの負担を、最初はよくわかっていなかったのです。

広江　録画問題は私も苦労しました。1,000人規模のイベントを行ったときは、途中でネットが落ちないようにホストPCだけではなくサブPCも準備して録画して乗り切りました。

松場　私はステイホームが始まった2020年3月頃から研修やWSをオンラインへ移行しましたが、最初はまったくシステムがわからず苦労しました。助かったのは、オンラインでさまざまな講座があったことですね。それを2つ3つ受講して学びました。

　初期段階では、PCやファシリテーターが複数同じ場所に存在した場合に、ハウリングが起きたり、音が聞こえづらかったりという問題に直面。参加者が耳をふさぐ場面もあり、すぐに対策を調べましたね。

児浦　同じ場所で複数の人が話す場合は、難しいですよね。私もパネルディスカッションをライブ中継するのに、せっかくならパネラーを1カ所に集め

たほうが盛り上がると思ったのが裏目に。1つのカメラでパネラー4人を映すとそれぞれ小さく映ってしまうし、声も遠くて拾えないし、と失敗でした。

広江　臨場感を出したくても、カメラとマイクをどう設置するか難しいところですよね。

松場　ほかにも私の周囲では、ブレイクアウトルームを終了したつもりが、Zoom会議自体を終了させてしまったという話を何度か聞きましたね。**やはりさまざまな機能は、事前に何度か試しておく必要がありますね。**

東　そういえば、オンラインでは自宅から参加する人も多いので、つい後ろの家具や飾りなど気になったりしますが、そこも注意が必要ですよね。「マンションの何階に住んでいるのですか?」とか、「後ろの棚のXXの書籍、私も好きです」といった**何気ない詮索も、相手はのぞかれているように感じるかもしれません。**そこはよく知っているメンバーでも気をつけたいですよね。

　また、安心安全の場をつくるために「途中で飲み物を飲んでもいいですし、ペットやお子さんが入ってきてしまってもお気になさらないでください」という話を最初にしておくのも大事です。

浮かび上がる
オンラインの課題

松場　一方でよく言われるのは、無駄

話や雑談がなくなったことですよね。会議は増えたが、一人暮らしの人はそれ以外の会話がなくなり鬱っぽくなったという人も。時代が変わったとは言え、喫煙室や飲み会のような雑多な場もない。全体的にコミュニケーションの頻度は減りましたね。

　特に不安を感じているのは、新入社員です。現場で先輩の背中を見て学ぶことも、仕事でわからないことを隣の先輩にちょっと聞くこともできなくなってしまった。**新人とメンターのシステムコーチングなどをよく依頼されますが、WSなどの場で不安を語り合ってもらう時間をつくると、関係性が大きく変わりますね。**

児浦　それは生徒にも当てはまりますね。オンライン授業に移行しても、中2〜高3は大きな問題はなかったのですが、入学したばかりの中1は信頼関係がない中、コミュニティづくりが通常より2カ月くらい遅れました。

広江　**目に見えない対話や交流がなくなってしまいましたね。オンライン会議は目的が明確すぎて、日常での化学反応や予期せぬ出会いが起こりづらくなった。**

　さらに会社全体のビジョンや方向性が見えなくなったという人が多いです。身近な人間とのコミュニケーションに偏るため、お客さん離れが始まっても、理由が伝わってこない。自分の会社は大丈夫なのか、今後どんなチャレンジをしようとしているのかなど、

見えなくなっているのです。

東　時間やスペースの余裕がなくなっています。「オンライン会議に参加する」＝「仕事をしている」という無意識な思い込みから、安易にオンライン会議を設定し、参加できる人をみんな招集することが日常化しているのかもしれません。その背景に、「オフライン」＝「仕事をしていない」という思い込みがあったりします。自分の不安感を解消するためにオンライン会議を開催して監視しようとしているだけなのかもしれません。

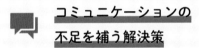

コミュニケーションの不足を補う解決策

広江　オンライン上の課題への**対策として有効なのは、場づくりです**ね。会社のビジョンが見えないなら、3時間くらいのイベントを行って、経営陣のパネルディスカッションやブレイクアウトでの対話などを行い、後日 WS で職場ごとに新方針をいかに行動につなげるかという対話をするといいですね。

松場　新入社員サポートとしては、1日 30 分から 1 時間程度、オンラインでつなぎっぱなしでそれぞれ仕事をしている会社もありました。隣で仕事をしているかのように、何かあったら聞きやすい雰囲気を意図的に設計する。また、シャッフル 1on1 といって、毎日違う相手と 1on1 をするといったこ

とに取り組んでいる会社もあります。

児浦　学校でも、新入生には本書で紹介した共通点探しや自己紹介、オンライン実習室などが有効でした。何が好きか、何を大事にしているのか、互いに知ることで仲が深まっていきました。

広江　私は Q13 で説明した通り、隔週に 1 回、昼の休憩に同僚とラジオ番組を作って流したり、毎週金曜の就業 30 分前は部署全員で掃除タイムを設けたりしています。こうした時間で共通体験を持つことで、自然と雑談が生まれたりするのですよね。

最近は、WS の開始や終了の時間を 13 時や 14 時などきっかりした時間でなく、13 時 15 分などと少しずらしたりしています。前後の会議との間に余白を仕組みとしてつくるわけです。

WS の最後にも、まとめをした後にブレイクアウトルームで一言ずつチェックアウトしてもらったら、「後はそれぞれのタイミングで自然にお帰りください」と退出してもらう余白のデザインをしますね。リアルなら、WS の後に帰り支度しながら雑談するような空間を、オンラインでもつくるわけです。そうした**雑談や余白から生まれるものが、本当に大きな意味を持つ**のですよね。

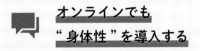

オンラインでも"身体性"を導入する

東　オンラインに移行した当初は、デ

ジタルのさまざまなツールや技術に頼っていました。でも、操作や使いこなすことに気をとられていると気づき、いまではその場で紙に書いて画面に見せてもらうなど、アナログ要素を取り入れています。**ファシリテーター側も少し何かを手放してみて、積極的に楽しんでみるのもいい**と思いますね。

児浦　私もよく学校でレゴを使ったWSをやっていたので、オンラインでどうするか悩みました。しかし実際は、各家庭で同じツールが用意できない中でも、手元にある空き箱などを使ってもらったら、非常に盛り上がりました。どんなツールを使うかよりも、ツールを使って、自分たちで動かしたものを共有することに意味があることに気づかされました。

広江　私は体操をよく取り入れます。リアルだと乗り気になってくれない人も多いですが、オンラインのほうが運動する必然性があるので、100％の人が一緒にやってくれます。ストレッチのスライドまで作って、5分くらいきっちりやると、前後で雰囲気が変わるんですよね。

あと、**オンラインだからこそあえて間をつくるときもあります**。例えば、ブレイクアウトルームに入る前に、「2分間だけ静かに自分だけで考えてみてください」と内省の時間をとってもらう。すると、ルームに分かれたときに、すごく盛り上がるのです。時には全員カメラを消して、声だけでファ

シリテートして瞑想の時間をとることもあります。

松場　前作『今日から使える ワークショップのアイデア帳』で、M&M'sのチョコを使ったWSを紹介しましたが、オンラインでもM&M'sを事前に送っておいて、まったく同じWSを実施しています。テキストもあえて紙で送ることも。画面を見ているのと、手元で同じものを見ているのとは、共有体験がなんとなく違うのですよね。

児浦　オンラインで寸劇をやってもらうことも十分可能です。「2030年の社会はどうなっていると思うか」というテーマで、ブレイクアウトルームに分かれてグループで相談させて、生徒に寸劇で表現してもらったこともあります。身体的な動きも生まれ、双方向のコミュニケーションにも役立ちました。

ブレイクアウト中のファシリテーターの役割

東　**ファシリテーターは、オンラインでもリアルと同様に、鳥の目になって一人ひとりの表情をいかに拾えるかが試されますね。**

広江　**リアルでできて、オンラインではやりにくいことをいかにファシリテーターがカバーしていくかに力量が問われています。**

リアルでは参加者が同じ場所にいるので、場の空気感というものがありま

す。例えば、「チューリップ化現象」。これは、グループワークのときにみんなが前のめりになり、立ち上がってチューリップの花が開いていくように見えることです。対話が盛り上がり、高揚感やグルーヴ感が生まれている状態です。

一方で、参加者の反応が悪いと肌感覚で伝わってくるのですが、オンラインではそれがわかりにくい。モニターを2つ用意して、ギャラリービューで参加者の表情を丁寧に見るようにしています。

松場 ファシリテーターは、ブレイクアウトルームに入るか入らないか、そして入って何をするのか、というのがポイントになりますね。

東 そうですね。Q6で説明した通り、正解というのはなくて、WSの中身や場の状況において、それを判断しなくてはいけない。**ブレイクアウト中のファシリテーターの役割は多様**ですよね。みんながきちんと理解しているかを確認する意味で、ルームを回ってみる。盛り上がらない場合などに燃料を投下する意味で、ワイプ芸人並みに笑ったり、うなずいたりをオーバーリアクションでやることも。時には、1人のメンバーとして対話に加わり、声を出す場合もあります。

広江 私も基本的にはブレイクアウト中は、ルームに入るようにしていますね。ファシリテーター人格で入ってしまうと存在感があるので、事前に、「セッション中は、不明点などないか

確認しに入ります。気になることがあれば質問してくださいね」と伝えて名前を「事務局」に変えてカメラオフで入ることもあります。

そこで賛成意見も反対意見も含めて聞いておき、メインルームに戻ったときに指名をして意見を共有してもらったりします。リアルだと各チームを回れたとしても、後ろから聞き耳を立てる程度。話の真ん中に入ることはできないので、これはオンラインならではのよさです。

東 ただ、時にはブレイクアウトルームに一切入らず「待つ」ことも大事ですよね。カメラオフで入ることもありますが、カメラオフでも場に入れば存在感が出ますから、それさえやらないほうがいいときもあります。

またその間に、複数のファシリテーターで行っているWSなどは、軽くその後の相談をしたりすることもありますよね。

●ルームを回る場合

・各グループの様子を確認
・戸惑っている人のサポートや場の雰囲気づくり
・話している人に許容や賛同の意思を伝える
・さまざまな意見の収集、把握

松場　私もブレイクアウトに入らなくていいような場合には、事務局や主催者と対話をしたり、今後の要望を聞いたりするときもあります。

児浦　学校の場合、生徒同士だけでは、混乱したり話し合いがうまくいかなかったりします。なので、教師がブレイクアウトルームへ見に行ってサポートすることはよくあります。一方で、慣れてきたら「困ったらメインルームに戻ってきなさい」と伝えておいて、あえて私がメインルームに残るときもあります。

●メインルームにとどまる場合

・質問するために戻ってきた参加者への対応

・事務局、主催者側との相談

・ブレイクアウト後の進行再検討

ブレイクアウトの前後にも気を配る

松場　**ブレイクアウトルームに分かれてもらう前に気をつけているのは、テーマ、ルール、手順をいつも以上に丁寧に伝えて理解してもらうことです。**リアルのWSと違い、途中で「何をするんだっけ？」と困ったとき、すぐにファシリテーターに質問できない

し、曖昧なまま進めると本来の趣旨から外れた雑談の場になってしまいます。メインルームでのチャットはブレイクアウトルームにいても参加者から見えるので、チャットにテーマを書き残しておくようにしています。

児浦　ブレイクアウト後も大事にしています。生徒たちだと、話し合ったことを統合するのに口で言葉にするだけではうまくいかない場合もあります。なので、話し合ったことをチャットで共有したり、Google Jamboardを使って見せながら話せるように視覚化したりしますね。

松場　ブレイクアウト後には、早く帰ってきた人とあえて雑談することもあります。それによって緩やかな雰囲気づくりにつながるからです。

オンラインでの「場づくり」の未来

児浦　これまでは、与えられたものを自分の中にどう取り込むかということがわりと重視されていました。特に学校教育では、そういう側面が強かったように思います。しかし、コロナ禍で、学生が自分で学びを取りにいく感覚が生まれ始め、その差が成果にも大きく影響しているのを感じます。

　さらにデジタルネイティブ世代でもある生徒たちは、アバターを通してバーチャルスクールで教える役割もする

ようになりました。オンラインでは、**個人が学ぶだけでなく、与える側にもなれる**のです。

広江 **オンラインの特徴は、時間と空間を超える拡張性。**学校の教室や会議室など、特定の場所と人だけで行われていたことが、オンラインだと時間も空間も超えます。株主、顧客、保護者などとも直接つながることができる。**さまざまな領域の人とオープンに対話の場をつくっていくことが加速する**ことを願っています。

松場 コロナが収束してもオンラインでの研修や WS は続くでしょう。テレワークも同様です。コスト面でもメリットがあります。

オンラインのよさを活かすなら、研修の場合は数日間みっちり行うより、2、3時間のものを数回、間を空けて定期的にやるのがいいでしょう。その間に実際に業務や日々の仕事に落とし込んでみると、学びが深まっていくし、また研修の場に戻って疑問を解消することもできます。

WS の場合も、オンラインなら1回きりではなく定期的に集まったほうが、合間にインプットとアウトプットをしながら学びを深めていけますよね。そのほうが、定着と実践の両方の効果が高くなります。

東 動画配信や e-learning と、対面の研修や WS の中間に位置するのがオンライン WS。**何かを学び、何かを得るという、組織にとって必要な場に**

なっていくでしょう。分刻みのオンライン会議が増える中で、取り残されたものが溜まってきて、組織でも問題になっています。**自分とつながる場、人間らしさとつながる場として WS は不可欠になる**でしょう。

松場 オンラインになったことで WS はより気軽に、身近になりますね。リアルだと、セミナー会場を借り、コストと集客を心配しなくてはいけませんでしたが、オンラインなら簡単に WS を実施できます。参加する方もより気軽です。そうした**気軽なオンラインの場づくりが世の中に浸透すると、つながりや意味というものを重視する世の中へと変わっていくきっかけになる**でしょう。

●オンラインの「場」の役割

・学ぶだけでなく与える場
・さまざまな人とオープンに対話できる場
・自分とつながる場
・人間らしさとつながる場

ブックデザイン	杉山 健太郎
イラスト	加納 徳博
編集協力	岩辺 みどり
DTP	BUCH⁺

**そのまま使える
オンラインの"場づくり"アイデア帳**
会社でも学校でもアレンジ自在な 30 パターン

2021 年 6 月 7 日 初版第 1 刷発行

著者	ワークショップ探検部 松場 俊夫 広江 朋紀 東 嗣了 児浦 良裕
発行人	佐々木 幹夫
発行所	株式会社 翔泳社 (https://www.shoeisha.co.jp)
印刷・製本	株式会社 加藤文明社印刷所